Ein Band der Reihe
»Informationen zur Zeit«
Originalausgabe

D1930857

Über dieses Buch

In Frankfurt ist es zu einem Psychiatriestreit gekommen, der das Elend in diesem Bereich plastischer macht, als es die *Psychiatrie-Enquete* aussagen kann. Ausgangspunkt waren Gespräche in der Frankfurter Nervenklinik. Patienten packten aus und machten daraus eine Rundfunksendung. Die Folge: Sie wurden entlassen, in einem Falle sogar für wahrscheinlich geisteskrank erklärt. Sie fühlten sich für ihre Kritik bestraft. Ihre Anklage: Unsere Probleme werden nicht gelöst, sondern mit der ›Pillenkeule‹ erschlagen.
Die Aussagen der Patienten erregten Betroffene und die Öffentlichkeit über Monate. Informationsveranstaltungen mußten geschlossen werden, weil zu viele Bürger gekommen waren. Zuletzt erschienen tausend Interessierte, nur die betroffenen Psychiatrieprofessoren mochten nicht mehr.
Patienten und Angehörige schreiben bis heute an *Ernst Klee*, wie es ihnen in der Psychiatrie ergangen ist: »Vielleicht geriet durch den Frankfurter Psychiatriestreit etwas in Bewegung, was zu einer menschlicheren und hilfreicheren psychiatrischen Praxis bei uns führen könnte. Zum ersten Mal in der Geschichte unserer Psychiatrie durfte Patientenkritik an den ›Pillen statt Gespräche‹ durch Ihre Rundfunksendung publik werden, die bisher wie jeder Patientenprotest rigoros erstickt wurde.«
Psychiatriepatienten üben Kritik an den Psychiatern. Patientenkritik ist in der Psychiatrie etwas Neues. Es sind erregende, beschämende Dokumente von Erniedrigung und Elend.

Der Autor

Ernst Klee, geb. 1942, studierte nach einer Lehre als Sanitär- und Heizungstechniker Theologie und Sozialpädagogik. Er ist freier Mitarbeiter fast aller Rundfunkanstalten und schreibt für »Die Zeit« und das »Allgemeine Deutsche Sonntagsblatt«. Buchveröffentlichungen u. a.: »Die armen Irren«, 1972; »Gastarbeiter«, 1972; »Randgruppenpädagogik. Grundlagen zum Umgang mit Randgruppen, Außenseitern und Gestörten«, 1973; »Behinderten-Report«, 1974 (Fischer Taschenbuch Bd. 1418); »Behinderten-Report II«, 1976 (Fischer Taschenbuch Bd. 1747); »Gefahrenzone Betrieb. Verschleiß und Erkrankung am Arbeitsplatz«, 1977 (Fischer Taschenbuch Bd. 1933) und »Christa Lehmann. Das Geständnis der Giftmörderin«, 1977 (Wolfgang Krüger Verlag).

Ernst Klee

Psychiatrie-Report

Fischer
Taschenbuch
Verlag

»Entscheidend ist, daß wir die psychisch Kranken nicht isoliert sehen, sondern als Teil von uns selbst. Wir müssen erkennen, daß sie sich nur deshalb in diesen furchtbaren Ghettos der psychiatrischen Anstalten befinden, weil wir sie dahin bringen. Sie tragen stellvertretend und demonstrativ für uns – die als gesund geltenden Mitglieder der Gesellschaft – eine existentielle Not aus, die wir nicht wahrhaben wollen. Indem wir die Kranken in die Gemeinschaft integrieren, integrieren wir auch Teile unserer Persönlichkeit.«

(*Jan Pohl,* Direktor des Münchener Lehr- und Forschungsinstituts der Deutschen Akademie für Psychoanalyse, zitiert nach: *Süddeutsche Zeitung,* Nr. 1/1978)

Originalausgabe
Fischer Taschenbuch Verlag
April 1978
Umschlagentwurf: Jan Buchholz/Reni Hinsch
unter Verwendung eines Fotos von Susanne Esche
Fischer Taschenbuch Verlag GmbH, Frankfurt am Main
© Fischer Taschenbuch Verlag GmbH, Frankfurt am Main 1978
Gesamtherstellung: Hanseatische Druckanstalt GmbH, Hamburg
Printed in Germany
580-ISBN-3-596-22026-2

Inhalt

I. Zur Situation

1. Früher wurden sie vergast, heute...

Vorwort

In Frankfurt ist es zu einem Psychiatriestreit gekommen, der das Elend der Psychiatrie plastischer macht, als es die *Psychiatrie-Enquete* aussagen kann. Ausgangspunkt waren Gespräche an der Frankfurter Universitäts-Nervenklinik. Patienten packten aus, machten daraus eine Rundfunksendung. Die Folge: Sie wurden entlassen, in einem Fall für wahrscheinlich geisteskrank erklärt. Sie fühlten sich für ihre Kritik bestraft. Ihre Anklage: Unsere Probleme werden nicht gelöst, sondern mit der ›Pillenkeule‹ erschlagen.
Die Aussagen der Patienten erregten die Öffentlichkeit über Monate. Informationsveranstaltungen mußten geschlossen werden, weil zu viele Bürger erschienen, noch auf den Fluren und auf der Straße nachdrängten.
Patienten und Angehörige schreiben mir bis heute, etwa: »Vielleicht geriet durch den Frankfurter Psychiatriestreit etwas in Bewegung, was zu einer menschlicheren und hilfreicheren Praxis bei uns führen könnte. Zum erstenmal in der Geschichte unserer Psychiatrie durfte Patientenkritik an den ›Pillen statt Gespräche‹ durch Ihre Rundfunksendung publik werden, die bisher wie jeder Patientenprotest rigoros erstickt wurde. Der Erfolg, den Ihre Sendung nun im Psychiatriestreit hat, läßt wahrscheinlich viele von uns aufatmen und auf eine Wandlung hoffen.«
Ich kenne die Psychiatrie nicht erst seit diesem Streit, sondern seit vielen langen Jahren. Als Zwanzigjähriger ging ich regelmäßig in die Frankfurter Klinik, um auf den geschlossenen Stationen mit Patienten zu spielen, Mensch ärgere dich nicht, Halma, jene unproblematischen Spiele. Ich wußte es nicht anders. Später, als ich studierte, ging ich wöchentlich in ein psychiatrisches Landeskrankenhaus, um mit den Frauen einer geschlossenen Abteilung Volkslieder zu singen (auch das war damals der Klinik ein Dorn im Auge, man wollte keine Fremden in der Anstalt). Auch hier wollte ich einfach helfen, ohne tieferes Problembewußtsein. Wieder Jahre später arbeitete ich mehrere Wochen lang in einem anderen psychiatrischen Landeskrankenhaus in

der Funktion als Sozialarbeiter, diesmal bereits problembewußt. Ich arbeitete zugleich an Fallstudien.

Dieses Buch entstand aus der Betroffenheit, wie es Patienten ergeht, wenn sie ihre Meinung sagen. Ich habe den Aufbau so gewählt, daß er die Entwicklung deutlich werden läßt: Zuerst ist der Psychiatriestreit beschrieben, es folgen Daten zur Institution Psychiatrie, wie sie in der *Psychiatrie-Enquete* seit 1973 und 1975 vorliegen. Daran schließen Fakten an, die nicht im institutionellen Bereich liegen, sondern die sich aus dem Verhältnis zwischen Arzt und Patient ergeben. Die untersuchen, was passiert, wenn ein Mensch zum »Geisteskranken« verurteilt und gemacht wird.

Dies ist ein Buch, das die Seite der Patienten und der Angehörigen im Blick hat. Es ist nach Aussagen von Patienten und Angehörigen entstanden. Patientenkritik ist in der Psychiatrie etwas Neues. Es sind erregende, beschämende Dokumente von Erniedrigung und Elend. Die deutsche Psychiatrie hält einen internationalen Vergleich nicht aus, liegt ganz hinten im Standard der Versorgung. Patienten üben selbst Kritik. An Elektroschocks, der Pillenkeule, Verlegung in abseits gelegene Anstalten. An der unmenschlichen Praxis eines Landes, das Psychiatriegeschichte nicht durch Reformen, sondern durch die Vernichtung unwerten Lebens machte. Deutsche Psychiatrie: Früher wurden die Kranken vergast, heute...

2. Entlassen ins Nichts

Siebenmal in der psychiatrischen Klinik:
Keiner will ihn mehr haben

Im Sommer 1976 werde ich alarmiert, einen jungen Mann zu besuchen. Er ist 27 Jahre alt, siebenmal in der Psychiatrie gewesen. Neben ihm die Mutter. Wir sitzen in der guten Stube. Das Linoleum ist grau, der Teppich ist grau, die Sessel sind grau, auch die Tapete runzelt graue Kreise. Der Sohn erzählt. Er ist das einzige Kind. Seit 1934 wohnen die Eltern im Ort, doch alle sind sie Fremdkörper geblieben. Der Sohn besuchte die Volksschule, dann die Oberrealschule. In der Pubertät überkommt ihn das Gefühl, kein richtiger Mann zu sein. Da sind einerseits sexuelle Phantasien, andererseits fehlt der Kontakt zu Mädchen. Mit 14 ist er zum erstenmal in der Psychiatrie. »Ich habe gedacht«, sagt er rückschauend, »ich bin kein Mensch mehr.« Er onaniert und bekommt Schuldgefühle. Rennt oft zum Pfarrer, beichtet.
Dann schließt er eine Lehre als Chemielaborant ab; versucht danach, das Abitur nachzumachen. Es klappt nicht. Mit 20 ist er zum zweitenmal in der Klinik. Die Schuldgefühle steigern sich so, »daß ich geglaubt hab', ich bin der leibhaftige Teufel; ich hatte die Vorstellung, ich würd' in den Ätna geworfen und müßt' in der Hölle brennen, weil ich ja der Teufel bin.« Die religiösen Vorstellungen der Umwelt (er lebt in einem Flecken in Unterfranken) werden vom Kranken übernommen und vermischen sich mit Schuldgefühlen und Selbstbestrafungsabsichten.
Der Pfarrer ist ihm keine Hilfe. Deshalb liest er Bücher über Magie und Parapsychologie, um das Böse in sich zu begreifen. Die Mutter schaltet sich erstmals in das Gespräch ein: »Er ist bei jeder Erkrankung zum Pfarrer gelaufen. Und was mich so erschüttert hat, er war jahrelang Ministrant beim Pfarrer.« Der Seelsorger hat damals die Mutter gefragt, warum ihr Sohn immer zu ihm komme. Sie hat ihm geantwortet: »Herr Pfarrer, er sucht doch nur Hilfe.«
Die Mutter ist als achtjähriges Mädchen in den Ort gekommen. Sie war arm und ist, wie sie es heute sieht, mit Kinderarbeit ausgenutzt worden. Von der Kirchengemeinde ist sie »arg enttäuscht«. Der Pfarrer hat sie während der Krankheit des Sohnes nur einmal besucht, weil sie ihn gebeten hatte. Es war in ihren

Augen ein lästiger Pflichtbesuch. Seine Begründung sei gewesen, er wolle nicht ins Gerede kommen, wenn er im Hause »von so einem« verkehre. »Es war das Schlimmste im Ort«, erklärt sie, »daß dich keiner verstanden hat; du konntest dich niemandem anvertrauen.« Und dann wiederholt sie: »Ja, wer versteht dich, wem willst du dich anvertrauen?«

Es graut ihr davor, daß die Krankheit, vor allem in der Nacht, wieder aufbrechen könnte. »Zu wem willst du?« sagt sie. »Niemand ist da.« Und sie denkt an das vorletzte Mal, als er durch die Polizei eingeliefert wurde. Da saß er im Lokal, konnte nicht zahlen, mußte zur Wache. Er lebte aber in dem Wahn, der Jüngste Tag sei schon vorbei. Um ihn herum, so glaubte er, lebten nur Leute, die bereits auferstanden wären. Und so hat er die Polizeibeamten angesprochen: »Ihr seid ja alles Tote.« Die Polizisten faßten das als eine Morddrohung auf. Das hat ihm ein halbes Jahr Psychiatrie eingetragen. Das Gericht billigte ihm die Unzurechnungsfähigkeit zu.

»Wenn ich heute in meiner Kirche bin«, klagt die Mutter an, »und bete und singe, dann könnt' ich laut aufschrein und brüllen.« Sie brüllt es auch fast heraus, nur gequält, gedämpft, geduckt. »Brüllen könnt' ich, ihr Lügner, könnt' ich sagen. Ich könnt' laut aufschrein. Ich bin so weit, daß ich nicht mehr in die Kirche geh'.« Sie sagt es, obgleich sie noch im Pfarrgemeinderat ist, und verletzt, wund, schluchzt sie: »Ich kann nicht mehr«, sie betont das »mehr«, »sie setzen sich für das ungeborene Leben ein. Was für ein Wahnsinn, und lassen die Menschen sterben. Das ist Wahnsinn.« Und die fast geballte Faust saust auf den Tisch, als sie wiederholt: »Das ist Wahnsinn!« Die Hilfe des Sohnes besteht in diesem Moment darin, daß er seine Mutter unterbricht, ablenkt.

Der nächste Nervenarzt sitzt Kilometer entfernt in der Stadt. Man läuft zum nächsten Ort, dann geht es mit der Bahn weiter. »Da kann man hingehen, wenn man Ischias oder so was hat«, meint sie resigniert. Der Sohn verteidigt den Nervenarzt. Er setzt sich ein. Doch dann schränkt er ein: »Aber er behandelt einen nicht wie einen Gleichen, sondern von oben herab. Die Einstellung mag ich nicht. Er spricht nicht mit einem über ein Problem. Er sagt, nehmen Sie die Tabletten ein. Oder: Gehen Sie halt mal wieder in die Klinik.«

Die Kommunikationsversuche sind gescheitert. Einmal ist die Mutter zum Nervenarzt gegangen. Ihr Sohn bekomme so hohe Dosen dämpfender Medikamente, das sei doch schädlich, klagt sie. Und dann hat sie ihn noch gefragt, der Aufenthalt in der

Klinik sei ja nur eine augenblickliche Lösung, wie solle es denn hinterher weitergehen? Auch darauf hat er nicht geantwortet, sondern hat gesagt: »Da muß man mal sehen.« Und während die Mutter sich noch unterhält, steht er schon auf, kommt schon der nächste Patient herein. »So ist es da«, sagt sie. »So ein Gespräch dauert nie länger als fünf bis sieben Minuten. Länger dauert es nie. Und da sitzen wir aber zwei Stunden, bis wir drankommen.«

In der Klinik, 25 Mann in einem Saal, hat sich der Sohn mit der Ärztin unterhalten wollen. Doch die Ärztin hatte keine Zeit. Daraufhin hat er zu den Pflegern gesagt: »Das ist ein ganz arrogantes Arschloch.« Am Abend habe er gleich mehr Tabletten gekriegt, meint die Mutter. Da hat die Mutter die Ärztin zur Rede gestellt, wieso ihr Sohn mehr Tabletten bekomme. Die Ärztin, so die Mutter, hat geantwortet: »Ja, wenn Sie glauben, daß die Behandlung nicht richtig ist, dann können Sie ihn holen, wir sind sowieso für diesen Bezirk nicht zuständig.«

Der Sohn hält diese Klinik jedoch noch für besser als die davor. Da kam nur einmal die Woche der Arzt zur Visite. »Mit den Patienten, die länger da sind«, behauptet der Sohn, »redet er überhaupt nicht mehr. Wer ein halbes oder ein Jahr erst da ist«, erzählt er weiter, »mit dem redet er noch eine oder eine halbe Minute: ›Na, wie gehts.‹ Und dann gibt er die Tabletten an.«

Als der Sohn von der Polizei eingeliefert wurde, so erzählt die Mutter, da habe der Sohn eines Tages angerufen, sie möchte doch bitte schnell den nächsten Tag kommen. Er sei zwangseingewiesen, und die gerichtliche Überprüfung des Unterbringungsbeschlusses stände an. Die Mutter fährt den nächsten Tag sofort hin. Sie sitzt im Warteraum. Da kommt der behandelnde Arzt, und sie sagt: »Herr Doktor, ich kann doch mal mit reingehen?« Da sagt er: »Nein, Sie hätten sich anmelden müssen, Sie hätten das melden müssen, daß Sie rein wollen.« Sie erklärt, sie habe ja nichts von dem Termin gewußt. Wenn der kranke Sohn nicht angerufen hätte, hätte sie ja überhaupt keinen Bescheid gewußt. Die Mutter hebt die Stimme: »Sie müssen sich vorstellen, wenn da niemand da ist, der sich um so einen Menschen kümmert...«, doch da unterbricht wieder der Sohn.

»Ich hätte mich mit der Richterin gar nicht unterhalten können«, will er erklären, »weil ich mich durch die starken Tabletten gar nicht konzentrieren konnte. Das war unmöglich. Und dann, wie gesagt, es geht dann ganz schnell. Man kann durch die Tabletten gar nicht schnell reagieren. Und da sind welche, die werden praktisch ein Jahr nach dem anderen verknackt. Jedes Jahr

werden sie dann praktisch wieder neu eingewiesen«, korrigiert er den Knastausdruck »verknacken«.
Arbeit hat der Sohn keine mehr zu erwarten. Die Bundesversicherungsanstalt für Angestellte hält ihn für arbeitsfähig. Das Arbeitsamt hält ihn nicht für vermittlungsfähig. Seine Realität ist gewiß: Er ist und bleibt arbeitslos. Eine Umschulung wird abgelehnt. So sitzt er herum oder schläft und versucht, mit allzuvielem Essen Unsicherheit und Ängste zu kompensieren. Und die Kostenträger reichen ihn sich gegenseitig zu. Keiner will ihn haben, keiner will zuständig sein.
Die Familie sitzt mit ihrer Verbitterung da. Niemand hilft, durchbricht das Gefängnis ihrer Isolation. Einmal hat die Mutter ihre Klage einer kirchlichen Zeitschrift eingereicht: »Es ist himmelschreiend«, schreibt sie mit akkurater Schrift, »wenn man seine Kranken nach dem Aufenthalt in einer Klinik wieder nach Hause zurückbekommt und dann auf die ambulante Behandlung beim Facharzt angewiesen ist, die nur eine Massenabfertigung ist und weiterhin nur auf den Beruhigungsmitteln beruht. An eine passende Beschäftigung ist nicht zu denken. Und so tritt die nächste Erkrankung sehr schnell wieder ein.«
Der Sohn hat sich auf seine Weise zu helfen versucht. Er hat ein Inserat aufgegeben mit dem Text: »Ehemaliger Geisteskranker, manisch-depressiv, Krankheit überwunden, sehnt sich nach toleranter Partnerin, die glauben kann, daß diese Krankheit auch zu überwinden ist. Alter spielt keine Rolle.«
Als ich mich verabschiede, fragen mich alle, der Sohn, die Mutter und der Vater, der inzwischen still und bescheiden hinzugekommen ist: »Was sind wir Ihnen schuldig?« Ich verstehe nicht gleich. Sie wiederholen es: »Was sind wir Ihnen schuldig? Wieviel wollen Sie für dieses Gespräch haben?« Ich schäme mich. Schäme mich, daß es so ungewöhnlich geworden ist, einem Kranken und seiner Familie eine Zeitlang zuzuhören, daß man ihn dafür bezahlen muß.
Psychisch Kranke werden entlassen – offenbar ins Nichts.

II. Ein Psychiatriestreit als Lehrstück

1. Wenn Patienten den Mund aufmachen

Protokoll des Frankfurter Psychiatriestreits

»Die kranke Seele« hieß eine Sendereihe des *Hessischen Rundfunks.* Der Hörfunk warb dafür von November bis Anfang Dezember 1976 auf den hessischen Litfaßsäulen. Vorgestellt wurden Therapieformen aus vier Kontinenten. Ich sollte mich in Holland nach Psychiatriemodellen umsehen, schlug dann jedoch einen bundesdeutschen Versuch vor: »Klinikinsassen machen eine Sendung.« Die, die sonst nichts zu bestimmen haben, sollten die Sendung selbst bestimmen können. Die Feature-Redaktion stimmte zu. Ein Professor der Frankfurter Universitäts-Nervenklinik stimmte zu. Die Patienten stimmten zu: »Die Reporter haben immer nur mit den Ärzten gesprochen. Wir wollen aussprechen, wie die Psychiatrie von uns empfunden wird.«

Die Frankfurter Nervenklinik muß die psychiatrische Versorgung für einen Sektor von 150000 Bürgern übernehmen (Frankfurt ist nach Polizeirevieren in Psychiatrie-Sektoren eingeteilt). Täglich ab 15 Uhr bis morgens um 7 Uhr, sowie an Sonn- und Feiertagen, hat das Zentrum der Psychiatrie in Frankfurt-Niederrad sogar die gesamte Akutversorgung zu leisten...

Professor *Hans Joachim Bochnik*, Leiter des Psychiatrie-Zentrums der Universität: »Der Ballungsraum Frankfurt-Offenbach-Hanau würde je nachdem, ob man von 700000 oder 1,5 Millionen Menschen ausgeht, zwischen 1400 und 3000 Betten brauchen... Im Stadtgebiet ist jedoch unsere psychiatrische Klinik in Niederrad mit knapp 200 Betten die einzige, die über die erforderlichen Spezialeinrichtungen zur Behandlung selbstmordgefährdeter, unruhiger, erregter oder verwirrter Patienten verfügt.« Der Frankfurter Psychiatrie-Chef: »Damit hat Frankfurt den Standard etwa Brasiliens oder Ägyptens« (*Frankfurter Rundschau*, Nr. 289/1975).

Ich habe diese Mißstände zusammen mit Professor *Pittrich* in einer Sendung des *Hessischen Rundfunks* am 6. Februar 1976 angeprangert. Da die Kritik an den Mißständen von den Ärzten kam, fand die Sendung auch deren Beifall. Deshalb wurde ich am

5. Mai von *Pittrich* zu einer zwanglosen Maibowle eingeladen. Wir blieben in Kontakt. Und als die *Aktion Psychisch Kranke* (Vereinigung zur Reform der Versorgung psychisch Kranker mit Dachverband in Bonn) zu einer Psychiatrie-Tagung nach Frankfurt einlud, schlug mich *Pittrich* als Referenten vor.
Ich lehnte es ab, ein Referat zu halten, willigte dann aber ein, weil ich eine Arbeitsgruppe übernehmen konnte: »Die Bürger und ihre psychisch Kranken. Erfahrungsgruppe mit psychisch Kranken und Journalisten.« Ich willigte ein, weil die Voraussetzung akzeptiert wurde, daß die psychisch Kranken selbst die Journalisten und die Öffentlichkeit informieren konnten, daß nicht über sie, sondern durch sie informiert werden sollte. Am 11. Oktober kam es zu einem ersten Vorgespräch in der Klinik, am 14. Oktober kam es zu einem ersten Treffen mit Patienten. *Pittrich* lud dazu ein: »Welche Probleme haben wir? Welche Möglichkeiten haben wir, die Öffentlichkeit zu informieren?« Die Hauptpunkte der Patienten: Die Ärzte haben keine Zeit. Einmal die Woche sieht man kurz den Oberarzt. Probleme mit dem Personal. Undurchsichtigkeit der Diagnosen. »Pillenkeule« statt Therapie: Damit ist gemeint, daß die Patienten, wie sie es ausdrücken, mit dämpfenden, betäubenden Mitteln »vollgehauen« werden, ohne daß eine Klärung ihrer Probleme stattfindet.
An diesem Abend fragt ein Patient Herrn *Pittrich*: »Können Sie mir erklären, was eine ›endogene Psychose‹ ist?« Der Psychiatrie-Professor: »Endogene Psychose heißt, daß wir die Ursache nicht kennen.« Der Patient wieder: »Wie können Sie uns denn da behandeln, wenn Sie die Ursache nicht kennen?«
An diesem Abend wird verabredet, daß die nächsten Gespräche für die Hörfunk-Sendung mitgeschnitten werden. Ich habe das Gefühl, daß die Patienten zu dieser Zeit die Behauptung, daß sie die Sendung selbst bestimmen, noch nicht glauben konnten.
Über die Sendung heißt es: »Ziel der Sendung ist es, daß sich Patienten mit ihren Konflikten, Problemen, Nöten selber zu Wort melden. Es geht darum, daß nicht Fachleute, Helfer, Betreuer informieren, welche Gefühle psychisch Kranke haben, was sie bedrückt, wie sie sich sehen, wie sie mit ihrer Situation fertig werden, sondern daß die Betroffenen selbst die Initiative ergreifen... Die Sendung soll von den Aufnahmen bis zu den notwendigen Schnitten von Patienten bestimmt werden, d. h.: die *Patienten* gestalten die Sendung.« Dieser Text steht in der von Pittrich mitverantworteten Zeitschrift »Treffpunkte«.
Am 21. Oktober wird das Gespräch erstmals mitgeschnitten.

Frage eines Patienten: »Wie kann ich meinen Arzt zwingen, daß er mich behandelt?« *Pittrich* fragt mich nach diesem Abend, ob es nicht besser sei, wenn er den Gesprächen fernbliebe. Die Patienten könnten sich durch seine Anwesenheit gehemmt fühlen. Ich antworte, dies sei einesteils richtig, andernteils forderten seine Antworten (fast pauschale Inschutznahme von Klinik und Personal) die Patienten heraus, was der Diskussion zugute komme.

Disziplinierung.
Pittrich bleibt. Am 29. Oktober trifft sich die Erfahrungsgruppe zum zweiten Gespräch, das mitgeschnitten wird. Der Psychiatrie-Professor kritisiert die Kranken, es mangele an der Bereitschaft, offen zu sein für den Arzt. Sie sähen auch ihre Krankheit nicht richtig. Zwei Patienten entschuldigen sich nach diesem Abend bei *Pittrich*, daß sie kritisiert haben. Viele Patienten fühlen sich diszipliniert.
Am 5. November findet das dritte Gespräch statt, das mitgeschnitten wird. Am 11. November bereitet sich die Erfahrungsgruppe auf die Tagung der *Aktion Psychisch Kranke* vor. Unter anderem wird gesagt, das Leben auf den geschlossenen Abteilungen sei unmenschlich.
Am 18. November gehen einige Patienten mit zu einem Empfang der Stadt Frankfurt für die Teilnehmer der Informationstagung, die unter dem Thema steht: »Was nun nach der Psychiatrie-Enquête? Gemeindenahe Psychiatrie am Beispiel Frankfurt. Bestandsaufnahmen – Analysen – Konzepte.« Es gibt Ansprachen von Politikern. Der Tenor: Zwar ist noch nicht alles in Ordnung, aber es ist schon viel erreicht.
Die Patienten erkennen ihre Realität in den Festreden nicht wieder. Ein Patient geht zu dem anwesenden Klinik-Chef *Bochnik* und sagt ihm, er sei schon eineinhalb Jahre in der Klinik und habe ihn noch nie gesehen. Auf der Tagung wird unsere Arbeitsgruppe als Versuch gelobt.
Am 19. November, einen Tag später, treffen sich die Patienten mit Journalisten zu der Arbeitsgruppe. Während die Psychiatriefunktionäre an einem vornehmeren Tagungsort konferieren, trifft man sich in der Klinik. Zielpunkt der Kritik: Konflikte, an denen wir leiden, werden mit der ›Pillenkeule‹ erschlagen. Man wartet, daß die Ärzte zu einem Gespräch Zeit haben, und wird statt dessen zum Pillenschlucken verdonnert. Ein Mitglied der Klinik sagt, es möchte gerne auch Kritik üben, würde aber rausfliegen, wenn es sich dazu verführen ließe.

Mittags ist eine Pressekonferenz der *Aktion Psychisch Kranke* am Tagungsort »Palmengarten«. Die Patienten kommen mit. Zur Pressekonferenz, heißt es zuerst, hätten sie keinen Zutritt. Sie kommen dennoch hinein, nehmen hinten im Raum an der Wand Platz. Dann erscheinen die Psychiatrie-Profis (Professoren etc.), die Journalisten und schließlich ein schwarzbedreßter Oberkellner, der den Psychiatrie-Verwaltern serviert. Es rumort bei den Patienten.
Die Gutdotierten speisen, die Patienten schauen zu, eine groteske Szene. Bundestagsabgeordneter *Picard*, Vorsitzender der *Aktion Psychisch Kranke*, erkennt sofort die beschämende Situation und läßt den Patienten das gleiche Essen servieren.

Leiden an der Klinik
Als Leiter der Arbeitsgruppe trage ich die Ergebnisse der Patientengruppe vor (auf der Pressekonferenz und der sich anschließenden Podiumsdiskussion):

- *»Wir tagten nicht auf der hohen Ebene der Distanz, sondern auf der Basis der Realität, das heißt der Klinik und des Leidens an der Klinik. Es erklangen nicht die Schalmeien der Zukunft, sondern das Klagelied der Betroffenen. Es erklang kein Selbstlob nach der Melodie: ›Wir sind schon auf dem Weg, es dauert nur noch 20 Jahre.‹*
- *Patienten empfinden Frankfurt nicht als Modell, sondern sie sagen: Keine Therapie, Ärzte haben keine Zeit, kein Start nach der Entlassung. Sie sagen: Wie kann ich den Arzt zwingen, daß er mich behandelt?*
- *Konflikte werden nicht gelöst, sondern mit der ›Pillenkeule‹ erschlagen.*
- *Patienten fordern ein neues Menschenbild beim Psychiater über die Patienten. Psychiater sind keine Lobby für psychisch Kranke. Wir wehren uns gegen die Diskriminierung der psychisch Kranken durch die Psychiater. Gegen den Umgangston ›Na, wie geht's uns denn?‹, während sie nicht mal den Patienten ansprechen, sondern mit dem Pfleger, der Schwester weiterreden. Oder sie fragen die Schwester: ›Wie geht es ihm denn?‹, ohne den Patienten selbst zu fragen.*
- *Wo kämpfen die Psychiater sichtbar für Patienten? Tagen habe ich sie schon oft gesehen, aber kämpfen...?«*

Die Psychiater auf dem Podium und die Tagungsteilnehmer im Saal klatschen dazu Beifall. Professor *Kulenkampff,* einer der ersten Psychiatriereformer der Nachkriegszeit, antwortet mit

einer persönlichen Erklärung. »Auch die Psychiater leiden unter der Situation.«
Nun leidet es sich – objektiv gesehen – leichter als Psychiater denn als Patient. Und ich hatte vom Kämpfen gesprochen, worauf mit dem Leiden geantwortet wird. Da sitzt an einem Podiumstisch so gebündelt die Intelligenz versammelt und findet keine Wege, entscheidend das Elend der Psychiatrie zu beenden? (*Kulenkampff* hat im übrigen sehr viel zur Verbesserung beigetragen, das muß hier ausdrücklich gesagt werden, um nicht den Falschen anzuklagen.)
Am 20. November erscheint ein Artikel in der *Frankfurter Neuen Presse*: »Protest gegen ›Pillenkeule‹. Diskussion mit psychisch Kranken in der Uniklinik.« Der Artikel, der die kritischen Äußerungen der Patienten wiedergibt, schlägt in der Klinik wie eine Brandbombe ein.
Am 22. November treffen sich sieben Patienten und »Ehemalige« im Funkhaus. Die Bänder, die die Gespräche in der Nervenklinik festhalten, werden in das Studio eingespielt. Die Patienten bestimmen, was rausgeschnitten werden soll und was drin bleibt. Davon wird ein sogenannter »Rohschnitt« angefertigt.

Ängste

Am nächsten Tag, am 23. November, erscheint ein Patient morgens nicht. Er kommt erst mittags, weil man ihn in der Klinik nicht weggelassen hat. Der Rohschnitt wird in das Studio eingespielt. An einigen Stellen stoppen die Patienten das Band und diskutieren diese Stellen. Die Diskussion wird in das Band mit den Klinikgesprächen eingeschnitten. Die Patienten äußern in diesem Gespräch ihre Ängste: Sie könnten für ihre Kritik bestraft werden. Repressalien könnten einsetzen, Medikamente abrupt ganz abgesetzt oder die Dosis hochgeschraubt werden, Angst, sie könnten entlassen werden, wo sie im Augenblick noch des Schutzes bedürfen.

Folgen?

Am 25. November ereilt einen der Psychiatriekritiker eine polizeiliche Anordnung:
»Herr ... ist auf Grund von § 10 des Gesetzes über die Entziehung der Freiheit geisteskranker, geistesschwacher, rauschgift- oder alkoholsüchtiger Personen ... in die Universitäts-Nervenklinik Frankfurt am Main-Niederrad in Verwahrung zu nehmen ... Gründe: Aus dem beiliegenden fachärztlichen Gutachten des beamteten Arztes des Zentrums der Psychiatrie des Klinikums

der Johann-Wolfgang-Goethe-Universität vom 25. 11. 1976 geht hervor: Der Obengenannte ist – mit hoher Wahrscheinlichkeit – geisteskrank und bildet infolge dieser Geisteskrankheit für sich selbst eine erhebliche Gefahr, da er an Depressionen leidet und wahrscheinlich krank im Sinne des obengenannten Gesetzes ist. Der Patient hat am 17. 11. 76 in der Univ.-Nervenklinik einen Selbstmordversuch durch Erhängen unternommen. Am 24. 11. äußerte er, daß er einen solchen Versuch zu jeder Zeit und an jedem Ort wiederholen werde. Obwohl er diese Angaben widerrufen hat, ist in seinem jetzigen Zustand damit zu rechnen, daß er sich weiterhin mit Selbstmordabsichten trägt. Für Herrn ... besteht zur Zeit eine akute und erhebliche Selbstgefährdung, die nur durch die sofortige Einweisung in eine geschlossene Abteilung einer psychiatrischen Krankenanstalt abgewendet werden kann.«

Der Patient, er kommt aus einer Einrichtung für Nichtseßhafte, sollte zuvor eben dorthin zurückgeschickt werden, so schildern er und ein Laienhelfer die Situation. Da er in das Milieu zurücktransportiert werde, das ihn krankgemacht habe, will er gesagt haben: »Eher erschieße ich mich.« So landete er in der geschlossenen Abteilung: Ein Patientenkritiker verschwindet hinter geschlossenen Türen.

Am selben Tag, abends, besucht mich Professor *Pittrich* zu Hause. Er wolle die Schwierigkeiten zwischen uns, die Mißverständnisse, bereden. Daß die Gruppenarbeit weitergeht, daß Ärzte und Pflegepersonal hinzukommen, wird ebenfalls vereinbart.

Pittrich ist der Erste Vorsitzende der *Bürgerhilfe Sozialpsychiatrie Frankfurt am Main.* Er hat am selben Tag ein Bürgerhilfe-Info geschrieben. Dieses wendet sich an die »sehr geehrten« Patienten, Angehörigen und Mitarbeiter. *Pittrich* beklagt sich über den Zeitungsartikel in der *Frankfurter Neuen Presse* und über mich. Die Klinik sei als Schlangengrube dargestellt, die Mitarbeiter hielten als Prügelknaben her. Konsequenz: »Wir müssen uns nur wehren!«

Neue Situation

Am 26. November ist wieder ein Treffen in der Klinik. Zwei Patienten lassen ausrichten, daß sie aus Angst nicht erscheinen wollten, ein weiterer hat so viele Medikamente bekommen, daß er kaum ansprechbar ist. Eine Patientin ist angesprochen worden, »freiwillig« zu gehen und ist aus der Klinik entlassen. Einem Patienten ist dies nahegelegt worden, er ist aber noch in der

Klinik: Für fünf Patienten hat sich die Situation nach ihren kritischen Äußerungen schlagartig verändert.
Am 29. November finden sich drei Patienten (eine ehemalige Patientin eingerechnet) zum letzten Schnitt im Funkhaus ein. Der oben erwähnte Patient ist nun auch entlassen worden. Als wir beim Schneiden an die Stelle kommen, wo von den befürchteten Repressalien die Rede ist, beschließen die letzten drei, hier noch nachträglich einzuschneiden, daß die Befürchtungen eingetroffen sind. Im Namen der Patienten spreche ich in aller Eile ein Schlußwort: Ich zähle auf, wie Patient um Patient betroffen wurde.
Am nächsten Tag, am 30. November, wird der zuvor per Eilsache zwangsuntergebrachte Patient als »arbeitsunfähig« und »freiwillig« – so heißt es auf dem Entlassungsschein – auf die Straße gestellt. Auf dem Schein hatte ursprünglich die Verlegung in ein Psychiatrisches Landeskrankenhaus der Provinz gestanden. Dies ist vom Stationsarzt einfach durchgestrichen worden. Das Kästchen »entlassen« und »verlegt nach« sind beide angekreuzt.
Am 3. Dezember wird die Sendung »Klinikinsassen machen eine Sendung« ausgestrahlt. Die Programmzeitschrift *HÖR ZU* lobt die Sendung vorab als ein bemerkenswertes Experiment: »Patienten machen das Programm. Sie bestimmen in Form und Inhalt, was in dieser Sendung zur Sprache kommt ... Bislang sind über Probleme psychisch Kranker nur Ärzte und Pfleger zu Wort gekommen. Diese Sendung läßt die Betroffenen selbst sprechen.«

2. »Sie hauen uns mit Tabletten voll«

Psychiatrie-Patienten machen eine Sendung

Die Patienten sitzen im Studio. Die bereits geschnittenen Bänder liegen bereit. Die Patienten sprechen eine Einleitung: »Wir erwarten von der Gesellschaft in irgendeiner Form Hilfe.« Der Patient fügt noch hinzu: »Ich weiß nicht, ob wir da nicht etwas zuviel verlangen.«

Ein junger Patient greift das auf: »Wir wurden früher aber auch nie richtig mit der Psychiatrie konfrontiert, wenigstens war das bei mir der Fall. Und wir wollen jetzt die Leute einmal recht hart mit der Lage in einem psychiatrischen Krankenhaus konfrontieren. Offiziell ist das Haus gut und fortschrittlich ...«

»Bei den Reportern war es bisher auch immer so«, ergreift der junge Patient sofort wieder das Wort, »daß sie wohl in der Regel mit den Ärzten gesprochen haben. Und wir wollen die Hörer jetzt etwas hinter die Kulissen blicken lassen und Laien einmal die Psychiatrie aus der Sicht des laienhaften Patienten sehen lassen. Wir wollen das so aussprechen, wie die Psychiatrie von uns allen, also vom normalen Menschen empfunden wird.« Er sagt das ganz selbstverständlich, »wie die Psychiatrie ... vom normalen Menschen empfunden wird.« Während der Gespräche, während der Produktion, da hat er nie zu den »Bekloppten« gehört, ist nie als solcher betrachtet worden.

Ich füge ein, daß sicherlich mancher der Hörer und die Verantwortlichen in der Psychiatrieverwaltung sagen werden, die Sendung sei aber sehr negativ ausgefallen, das Positive sei zu kurz gekommen. Eine Patientin erwidert: »Das Positive kommt in der Klinik zu kurz, deswegen kommt es dann auch in der Information über die Klinik zu kurz.«

Ein Patient verlangt von der Klinik – angefangen vom Professor (»der verdient soviel wie ein Generaldirektor und die Pfleger verdienen also auch nicht schlecht«) – »anständige Arbeit«. Schließlich werden sie dafür von der Krankenkasse und über die Beiträge schließlich auch von ihm bezahlt. Er war früher ein leitender Angestellter, da liegt es nahe, für gutes Geld gute Arbeit zu fordern: »VW ist ja auch nicht auf dem VW stehengeblieben, den sie vor 1948 mal gebaut haben. Also sollten sich die in der Psychiatrie auch mal der modernen Psychiatrie zuwenden.«

Und dann, eigentlich unvermittelt, kommt die Angst vor Repressalien hoch: »Ich meine wirklich, das spricht irgendwo für sich, wenn jetzt alle Angst vor Repressalien haben wegen dieser Sendung ... Mein Arzt hat sich heute morgen mit mir aus heiterem Himmel plötzlich über den Entlassungstag unterhalten wollen.«

»Also ich«, sagt der ehemalige leitende Angestellte, »würde da keine Angst haben, daß mir da Nachteile entstehen. Was für Nachteile wollen die denn machen? Daß sie mir mal den Ausgang sperren – ja und, dann sperren sie ihn.«

Die anderen widersprechen, bringen Beispiele, z. B. die Angst, entlassen zu werden. »Man ist den Ärzten praktisch ausgeliefert, theoretisch nicht, da kann man diskutieren, aber praktisch ist es so.«

Sie beteuern, wie wichtig ihnen die Gespräche waren, die nun gesendet werden. Es sei Gesprächstherapie gewesen. Eine Patientin meint: »Für mich ist das Bewußtsein sehr wichtig, daß das an die Öffentlichkeit gerät.« Und damit endet die Einleitung.

»Ich bin zum wiederholten Male in der Klinik gewesen«, beginnt nun der Reigen der Klagen. »Ich habe im vorigen Jahr in dieser Klinik einen Selbstmordversuch unternommen, bin kurz mit Tabletten ruhiggestellt worden. Eine Behandlung fand nicht statt. Ich möchte wissen: Gibt es eine Möglichkeit, daß ich eine Behandlung erzwingen kann?« Der Patient hat sich mit Tabletten vergiften wollen. Passanten fanden ihn, vom Main umspült. Auf der Intensivstation hat man ihm den Magen ausgepumpt: »Ärzte auf der Intensivstation gaben mir den Rat, auf eine Behandlung zu drängen. Ich habe das auch meiner behandelnden Ärztin kundgetan. Die wiederum sagte: Ach, Sie werden am besten selbst wissen, warum Sie das getan haben. Vermutlich war es wieder eine Art Schau, sich interessant zu machen, und am Montag können Sie gehen.«

Er ist, wie er sagt, zum dritten Mal in der Klinik. Beim vorigen Aufenthalt habe sich eine Frau auf der nahegelegenen Eisenbahnbrücke überfahren lassen. Abends war Gesprächskreis in der Klinik. Der Arzt sei sehr erstaunt gewesen. Dabei hätte die Patientin versucht, mit dem Arzt darüber, daß sie sich umbringen wolle, ins Gespräch zu kommen. Doch der Arzt sei nie erreichbar gewesen. »Die Unterhaltung«, sagt er wörtlich über seinen Dialog mit dem Arzt, »verlief derart erregt, daß ich wohl hinterher in einer Art Demonstration den Schlußpunkt dahinter

setzen wollte.« Das heißt: Er zelebrierte seinen Selbstmordversuch, um den Arzt ins Unrecht zu rücken.
Eine Patientin bestätigt ihn, »daß die Ärzte leider keine Zeit haben, sich mit den Patienten mehr zu beschäftigen, bzw. Gespräche zu führen.«
Da der Patient wiederum das Wort ergreift und im Verlauf der detaillierten Schilderung seiner Einweisungen und Selbstmordversuche sagt, sie seien ein »Fehlverhalten« gewesen, stoppen die Patienten im Studio sofort das Band. »Jemand, der einen Selbstmordversuch macht«, sagt ein Teilnehmer, »hat normalerweise Gründe, auch wenn er die selbst in dem Moment nicht wahrnimmt. Mein Selbstmordversuch war kein Fehlverhalten, es war eine Antwort auf Konflikte, die ich nicht mehr aushalten konnte.«
Ein Patient verfolgt die Diskussion fast schmunzelnd: »Ich war auch wegen Selbstmordgedanken da in der Klinik. Und ich wurde immer gefragt: ›Haben Sie noch Selbstmordgedanken?‹ Mit der Zeit hatte ich dann immer weniger Selbstmordgedanken, und ich wurde dafür insofern belohnt, als ich Auslauf bekam. Und dann kam hinterher der Selbstmordversuch. Ich wußte ganz genau, was da abläuft.«
Ich frage eine Frau mittleren Alters, die bis dahin geschwiegen hat, ob sie nicht etwas dazu sagen möchte. »Ich sage dazu nichts«, sagt sie. Und nach einer Pause, ganz leise: »Ich werde nicht gefragt, ob ich noch Selbstmordgedanken habe, jeder weiß, daß ich die habe.«
Der Patientin, die die Selbstmord-Diskussion eröffnet hat, fällt auf, daß bis zum Selbstmord hin die Geschlechterrollen wirksam werden. Ein typisch weibliches Symptom sei der Selbstmordversuch (»Versuch dreimal unterstrichen!«) bei Depressionen. Männer fingen dagegen an zu randalieren. Setzten sich jedenfalls nicht still in die Ecke, um »vor sich hinzuleiden, wie sehr viele Frauen das tun und auch andressiert bekommen haben.«
Das Band wird wieder abgefahren. Da erzählt eine jüngere Patientin, es sei »wirklich ein Problem, daß man von den Ärzten geholfen bekommt.« Pillen statt Therapie. Pillen statt Gespräche. Das ist das Hauptthema. Das ist die Hauptanklage gegen die Ärzte. Die Patientin erzählt, sie habe sich mit einem Psychiater streiten müssen, daß er sie in eine Gesprächstherapie überweise. Sie habe sogar den Arzt wechseln müssen, um einen zu finden, der sie schließlich überwies.
Der Patient, den man aus dem Main gefischt hat: »Ich habe mein Leben vollkommen ehrlich und offen den Ärzten unterbreitet.

Ich habe immer darum gebeten, mir zu helfen. Und ich habe so langsam den Mut nicht mehr. Und ich weiß nicht, wann ich das nächste Mal Dummheiten mache.«
Die Patienten im Studio stoppen wieder das Band. Es setzt eine erregte, hitzige Diskussion ein. Der junge Patient: »Irgendwann kommt der Zeitpunkt, wo sich das Leben nicht mehr lohnt.«
Der frühere Angestellte, einige Jahre älter, akzeptiert dies nicht: »Das ist die Lebenseinstellung, die der einzelne hat, und die vielleicht auch irgendwie mit dem Glauben zusammenhängt.«
»Der Glaube ist natürlich eine große Stütze«, sagt ein zweiter Patient.
»Das ist eine Krücke«, erwidert der erste kühl.
Einer der Teilnehmer hat mit vierzig Tabletten versucht, seinen Schwierigkeiten ein Ende zu setzen. Ein anderer hat noch mehr Tabletten genommen. Ein dritter noch mehr. Die Frau mittleren Alters schildert ihre Verzweiflung: Sie hat sich die Pulsadern aufgeschnitten, aufgesäbelt. Ein untauglicher Versuch. Das Blut versiegt. Man überlebt. Ihr Arm sieht aus, als habe ein Fleischer gearbeitet. Die Patienten beschließen: Diese Passage muß wieder aus der Sendung fliegen. Ein depressiver Hörer könnte angesteckt werden, könnte vom Sog, es auch zu tun, erfaßt werden.
Das Band wird erneut abgefahren. Eine Frau berichtet, wie sie in ihrer Not zum Psychiater gegangen ist. »Ich war also sehr depressiv und bin hingegangen, um Hilfe zu bekommen. Ich habe also ein paar Pillen verschrieben bekommen...« Der Psychiater forscht ihre Verwandtschaft aus. »Jetzt wußte ich ganz dunkel«, schildert sie das Gespräch, »und es ist ja bekannt, daß es in Familien immer so Tabus gibt, daß eine Tante von mir mal Probleme ähnlicher Weise hatte. Kaum daß ich das sagte – und ich bereute das zutiefst, daß ich das gesagt habe – sagte er: ›Da haben wir es ja: erblich, erblich.‹ Und ohne daß der wußte, ob das überhaupt stimmte mit der Tante. Das hat er nicht nachgeprüft, konnte er nicht nachprüfen. Er war froh, daß er endlich was gefunden hatte, wo er die Schuld drauf schieben konnte. Und das war auch der Mann, der immer versuchte, mir nur Pillen zu geben und der auch abgelehnt hat, mir eine Therapie zu verschreiben. Er hat mir dann vorgerechnet, was es die Krankenkasse kosten würde und hat eigentlich indirekt damit gesagt: Sie sind die Kur (gemeint ist die Gesprächstherapie) nicht wert. Damals war mein Selbstwertgefühl sowieso schon vollkommen untergraben. Und wenn man dann noch gesagt bekommt, diese Kur sind Sie überhaupt nicht wert... Ich meine,

jetzt hat die Krankenkasse wirklich eine hohe Rechnung. Jetzt bin ich hier.«

»Mir fällt auf«, sagt an dieser Stelle Professor *Pittrich*, »daß Tabletten ein sehr niedriges Prestige haben. Daß aber auf der anderen Seite eine Therapie, gleichgültig, was offenbar darunter verstanden wird, ein sehr hohes Prestige hat.« Es sei unbestritten, daß ein Engpaß, ja ein Notstand bei den Psychotherapeuten gegeben sei. Er wolle aber die Frage stellen, ob nicht dem einen in erster Linie durch Tabletten, dem anderen durch eine Psychotherapie zu helfen sei. »Ich meine, da wird einiges verwechselt.« Er fordert die Patienten auf zu berichten, »daß Medikamente notwendig sind und eigentlich nicht ersetzbar sind durch eine Psychotherapie.«

Ein Patient sieht es anders: »Ich glaube, daß der Kranke doch etwas außerhalb der Gesellschaft steht, und er muß also resozialisiert werden. Und es fragt sich nun, ob man das wirklich nur mit Tabletten alleine machen kann, wie es hier auf den meisten Stationen wohl üblich ist.«

»Ich bin im neunten Monat schwanger«, hebt die Klage einer Patientin an. »Ich kann keine Tabletten nehmen, und bei mir helfen echt nur Gespräche. Ich bin fünf Wochen da. Ich habe sechs Gespräche gehabt. Ich kam hier an, habe am ersten Tag ein Gespräch gehabt. Dann ging mein Arzt in Urlaub. Dann ging der andere Stationsarzt eine Woche in Urlaub. Dann war mein Arzt krank für eine Woche. Ja, ich liege hier rum. Ich entbinde. Ich habe panische Angst vor der Geburt. Gespräche können nur helfen. Tabletten können mir die Angst nicht nehmen. Und sie sind halt zur Zeit auch schädlich fürs Kind.«

Daß Medikamente, gerade bei der akuten Einweisung, nicht wegzudenken sind, bestreitet keiner der Patienten. Aber daß man ihnen die Nebenwirkungen nicht erklärt, das greifen sie vehement an. Und das sind Nebenwirkungen: »Ich konnte kaum noch sprechen. Ich habe unzusammenhängende Sätze gesprochen. Meine Bekannten haben mich überhaupt nicht mehr verstanden. Ich habe zum Teil auch gar nicht mehr richtig denken können. Ich habe einen Satz angefangen und wußte nicht mehr, was ich sagen wollte, und konnte den Satz nicht beenden. Ich hatte Schwierigkeiten beim Laufen. Ich habe mich an der Wand festgehalten, um überhaupt über den Flur zu gehen.«

Dazu kommen Kopf- und Magenschmerzen, Übelkeit, wie ein Diskussionsteilnehmer stichwortartig diktiert. Und Potenzstörungen. Da ist ein Patient am Wochenende bei seiner Verlobten. »Jetzt kommt man aus diesem Laden hier raus, kommt nach

Hause und dann merkt man: Mensch, das geht ja gar nicht. Das bedrückt einen wieder. Was ist denn? Bist du jetzt bekloppt oder was? Das sagt dir ja kein Arzt, das kommt von den Mitteln. Und da habe ich mir überlegt, was nimmst du denn überhaupt ein? Da mußte ich bei jeder Visite bei dem Arzt um ein paar Tropfen weniger kämpfen.«

Während die Männer dies diskutieren, greifen die Frauen in das Gespräch ein. Das Band wird wieder gestoppt, denn nicht nur Männer leiden unter »Potenzstörungen«. Eine Patientin: »Ich hatte Urlaub am Wochenende. Das habe ich mit meinem Freund verbracht. Ich wollte auch mit ihm schlafen. Ich war kalt wie Eis. Da hat sich überhaupt nichts abgespielt. Ich hab mit ihm einen gewaltigen Krach gekriegt und hab mich später wieder von ihm getrennt. Das war ein Teil, daß ich den Partner, den ich in dieser Zeit so nötig gehabt hätte, verloren habe. Und dann kam ich in die Klinik, wütend, aggressiv, hab einen sogenannten Rückfall bekommen. Habe eine Blumenvase gegen's Fenster geschmissen. Und das Ergebnis war, daß ich vom Viererzimmer wieder in den großen Saal kam und soviel Medikamente bekam, daß ich nichts mehr machen konnte. Und meine Aggressivität, die einen ganz klaren Hintergrund hatte, wird als Krankheitssymptom genommen. Haben sie mich wieder mit Tabletten vollgehauen.«

»Haben Sie mit dem Arzt mal gesprochen?« wird gefragt.

»Der hatte keine Zeit«, lautet die Antwort. »Der hat mir Gespräche versprochen. Ich war insgesamt drei Monate in der Klinik und habe ein einziges Mal ein Gespräch mit ihm geführt.«

Das Band wird wieder abgefahren. Professor *Pittrich* erklärt die Wirkung von Psychopharmaka: »Wir sind mit den Wirkungen und Nebenwirkungen der Medikamente auch nicht so zufrieden, aber sie werden – das muß man sagen – besser. Und diese rein müdemachende Wirkung, hemmende Wirkung, ist bei neueren Präparaten wesentlich geringer. Sie wirken zielsicherer. Beispielsweise, wenn man Stimmen hört oder wenn man schwere Angstzustände hat, dann gehen diese Symptome weg von den Medikamenten, das mag bei dem einzelnen unterschiedlich sein... Ich kann Ihnen nur sagen, daß nach meiner Kenntnis diese Gespräche über Nebenwirkungen der Medikamente sehr ausführlich und sehr intensiv sind.«

Eine Medizinstudentin, die seit längerem auf einer Station arbeitet, unterbricht: »Ich habe eine Zwischenfrage: Ist es nicht einfach Bequemlichkeit, den Patienten doch eine ganze Menge

Tabletten zu geben? Ich habe also auf Station erlebt, daß die Patienten dann eben doch ruhiger sind. Oder wenn sehr viele Maniker zum Beispiel auf Station sind, daß man dann halt ein bißchen mehr gibt, damit abends Ruhe ist.«

An dieser Stelle machen die Patienten, die die Sendung gestalten, einen thematischen Schnitt. Es folgt ein Abschnitt über die zwangsweise Einweisung.

»Ich bin einen Tag da«, beginnt das neue Thema. »Immerhin habe ich einen Suizidversuch hinter mir. Ich habe morgen bereits Ausgang. Ich muß allerdings betonen: Ich bin freiwillig hiergeblieben. Das ›freiwillig‹, habe ich festgestellt – es liegt manchmal an einem Wort, wie lange man in dieser Klinik bleiben muß ... Hätte ich gestern gesagt, nein, ich will nicht hierbleiben, wäre voraussichtlich heute ein Amtsrichter gekommen und hätte mich hier verknackt, mir einen Beschluß auferlegt. Und ich hätte einige Wochen hierbleiben müssen«, wobei man hinzufügen muß, daß er natürlich auch an eines der psychiatrischen Landeskrankenhäuser weiterverteilt werden kann.

Professor *Pittrich* wirft seine Autorität in die Waagschale und hebt zu einer langen Rede an: »Sie haben zu Recht gesagt, wenn ein Patient sagt: ›Ich gehe freiwillig‹, auch auf eine geschlossene Station, weil ich mich gefährdet fühle, daß dann eine polizeiliche Einweisung oder Unterbringung nach diesem [Hessischen Freiheitsentziehungs-, d. Verf.]Gesetz nicht notwendig ist. Eine Unterbringung nach dem Hessischen Freiheitsentziehungsgesetz ist nur dann möglich, wenn eine unmittelbare Gefahr für den Patienten oder für seine Umwelt besteht, weil er z. B. sehr stark erregt ist, unter dem Eindruck wahnhafter Sinnestrübung jemand anders gefährdet. Oder weil er drogenabhängig ist und sich selbst gefährdet. Daß aber diese Unterbringung nur für 24 Stunden stattfinden darf – von einem Arzt draußen veranlaßt oder von einem Nervenarzt hier –, und daß dann der Patient von einem Richter gehört werden muß, gesehen werden muß. Der Richter hört auch den Arzt und fällt dann seine Entscheidung. Das heißt also, es wird niemand in eine Klinik abgeschoben (!), ohne daß eine neutrale Instanz, der Richter, sich über die Umstände Klarheit verschafft und dann seine Entscheidung fällt. Und das ist auch keine Unterbringung jetzt auf eine bestimmte Frist, wenn nämlich die Voraussetzung nicht mehr erfüllt ist, kann der Arzt durchaus diese Unterbringung auch aufheben. Und es stimmt sicherlich nicht, daß man sagt, der, der freiwillig ist, der wird gleich wieder entlassen und der zwangsweise Untergebrachte, der wird länger behalten.«

Ganz kühl fällt eine Patientin ins Wort: »Das hat sich also bei mir ein bißchen anders abgespielt. Ich habe im März 1975 einen Selbstmordversuch gemacht, und eine Freundin hat mich gefunden – also mit Schlaftabletten. Ich war so dumm, einen Abschiedsbrief zu schreiben, so daß also vollkommen klar war, daß ich keinen Mittagsschlaf halte, und die hat den Rettungswagen angerufen. Der Rettungswagen hat mich angeguckt, hat noch bei uns in der Wohnung die Polizei angerufen. Die Polizei kam in das Krankenhaus, wo der Magen ausgepumpt worden ist. Ich kam nach dem Magenauspumpen hierher in die Nervenklinik und am nächsten Mittag in ein anderes psychiatrisches Krankenhaus, wo ich dann irgendwann aufgewacht bin. Und als ich aufgewacht bin, war es gerade Sonntagnachmittag, und am Montag morgen hatte ich schon Post vom Gericht. Es war also vollkommen klar, daß ich – wenn der Arzt nichts anderes sagt – mindestens zwei Monate aufzubewahren sei. Und dann würde der Richter weiter entscheiden. Ich habe nie einen Richter gesehen. Das einzige, was ich habe, ist also dieser Zettel, daß der § 10 des Hessischen Freiheitsentziehungsgesetzes zugeschlagen hat.«
»Diese Klinik hat ein besonderes Talent dafür, alles so unpersönlich zu gestalten, wie es nur irgend möglich ist«, geht die Kritik zum baulichen wie atmosphärischen Zustand über. »Das heißt also, auch die Aufenthaltsräume auf den Stationen kommen mir mehr wie Wartesäle vor. Wenn man fünf Wochen wartet oder vielleicht ein halbes Jahr, dann macht einen das mehr krank als gesund. Also auf mich hat der Bau wirklich krankmachend gewirkt und deprimierend. Nach einer Weile ist es mir egal geworden. Aber das habe ich eigentlich schon als schlimm gefunden, daß es mir egal wird.«
»Das Entwürdigendste ist«, geht es weiter, »daß man eingeliefert wird, seine Kleider abgeben muß, und dann kriegt man einen mehr oder weniger passenden Schlafanzug verpaßt und ein Stück Verband, damit die Hose noch hält. Man kriegt also sämtliche persönliche Sachen abgenommen, und das kann gerade bei Leuten, die depressiv veranlagt sind, die zum Selbstmord neigen, noch ein Faktor sein, um da Dummheiten zu machen. Und außerdem: Man soll sich tagsüber nicht in den Betten aufhalten – wird gesagt. Da sitzt man also in seinem Schlafanzug im Tagesraum, guckt also aus dem Fenster, obwohl man starke Medikamente kriegt und schlafen könnte und auch müßte, man darf es nicht. Also was da für eine Ordnung zugrunde liegt, ist mir bis heute noch nicht klar.«
Damit ist die Diskussion wieder einmal bei den Pillen, und damit

bei den Nebenwirkungen: »Anfangs wird man ja so mit Medikamenten vollgestopft bis oben hin, daß man also buchstäblich auf dem Zahnfleisch geht, daß man auf allen Vieren kriecht, weil man sich nicht aufrichten kann, weil der Kreislauf zu schwach ist. Man bekommt Medikamente, die die Pupillen erweitern, man sieht nicht mehr richtig, man kann überhaupt nicht lesen, man kann also wirklich nur in diesem berühmten Wartesaal oder im Bett seine Zeit verbringen und wartet von einer Mahlzeit auf die nächste, denn was anderes passiert einfach nicht. Unterhalten kann man sich auch nicht, weil die Zunge wie gelähmt ist, ganz schwer, und das ist also die schlimmste Zeit, die es da überhaupt gibt, auch im Tagesablauf. Das sieht dann eben so aus: Morgens kommt irgend jemand rein, macht Licht, weckt einen, rüttelt einen, dann kriecht man irgendwie auf allen Vieren mehr oder weniger zum Frühstück und ißt das, ja und nachher wird man wieder müde, schläft, dann wird man vielleicht irgendwann geweckt, wieder zum Essen. Man kann also gar nichts mehr tun, weil man vollkommen lahmgelegt ist durch die Medikamente. Später dann, wenn es besser geht, dann kann man wieder ein paar Sachen machen, wo man Sicht braucht und nicht mehr so entsetzlich zittert wie am Anfang. Da kann man dann stricken und häkeln und irgendwie so ein Zeug machen, was ich auch nach langer Zeit wieder gemacht habe. Aber sonst ist es einfach ziemlich trostlos.«
Ein Patient stellt eine Gewissensfrage: »Sind wir doch mal ganz ehrlich und fragen wir uns doch mal: Sind Sie als Arzt überhaupt in der Lage, vom personellen her, uns zu behandeln? Ich würde nicht behaupten, daß ich behandelt worden wäre. Man hat mich versorgt, ich habe ein paar Gespräche mit dem Arzt geführt, da hatte ich sehr viel Glück. Wir seelisch Kranken brauchen dringend den Arzt. Wir brauchen nicht eine Medikamentenschachtel, wir brauchen jemand, der mit uns spricht. Und dieser jemand ist in den meisten Fällen nicht da oder gibt uns dauernd zu verstehen, daß er keine Zeit hat, weil er auch den notwendigen Schreibkram machen muß.«
»Durch die Klinik werden die Leute irgendwie zur Unselbständigkeit erzogen«, ergänzt ein anderer Patient das Thema. »Sie können, besonders auf den geschlossenen Stationen, überhaupt nichts tun. Sie können höchstens darum bitten, daß sie noch ihr Bett selbst machen dürfen. Normalerweise wird das von den Pflegern gemacht. Und man regrediert sehr leicht, man wird faul, man ist dann nicht mehr an die Arbeit gewöhnt. Und es fällt einem dann sehr schwer, wenn man ganz plötzlich wieder aus der

Klinik entlassen wird und dann wieder arbeiten und wieder voll für sich selbst verantwortlich sein soll. Da muß ein langsamer Überweg stattfinden.«

»Ich bin dreimal entlassen worden mit guten Wünschen des behandelnden Arztes«, kommt die nächste Stellungnahme. »Das war alles. Das heißt jedesmal: eine neue Wohnmöglichkeit und neue Arbeit beschaffen. Da das unter Zeitdruck geschah, habe ich immer das erste beste nehmen müssen, konnte mich nie vorbereiten. Ich möchte fast sagen, daß es ein Großteil Schuld trug, daß ich irgendwie einen falschen Arbeitsplatz wieder gefunden habe, oder eine Wohnung, die unzureichend war, daß immer irgendwie ein Unzufriedensein von vornherein bereits bestand. Es wurde nicht mal ein Ratschlag gegeben, was ich zu machen hätte, wo ich mich hinwenden könnte. Den Arbeitsplatz habe ich meist verloren, wenn bekannt wurde, daß ich in einer Nervenklinik war. Dann wurde mir gekündigt.«

Doch er ist noch nicht fertig: »Ich habe noch eine andere Frage: Und zwar, jetzt bei meiner Einlieferung mußte ich meinem Arbeitgeber eine Krankmeldung schicken. Die bekam ich natürlich. Was mich an dieser Krankmeldung sehr störte, war der Kopf dieses Zettels. Da stand drauf: Psychiatrisches Zentrum Frankfurt.«

Eine Patientin: »Ich mußte mich auch wieder einleben und mußte mir Autorität bei den Kindern verschaffen. Viele Leute wußten, daß ich in der Klinik war, und viele haben auch gesagt: ›Na ja, die ist ja aus der Klapsmühle usw.‹. Ja, und wer den Eindruck hatte, daß man mit mir und meinen Kindern nicht verkehren kann auf Grund dieser Krankheit und dieses angeblichen Irreseins... Wenn jemand seelisch krank ist oder gemütskrank ist oder war, deswegen ist er doch kein Außenseiter, oder er könnte plötzlich die Kinder anderer Leute anfallen. Deswegen finde ich, muß man dazu stehen und nicht sagen: Ich war lungenkrank und war in der Schweiz. Das sehe ich nicht ein.«

»Es ist in der Tat sehr schwierig, Patienten, die entlassen sind, wieder in eine Arbeitsstelle zu bekommen«, bekennt der Psychiatrieprofessor. »Das hat zwei Gründe: Einmal arbeiten wir zwar mit dem Arbeitsamt zusammen, aber offensichtlich sind dort die Möglichkeiten, Patienten zu vermitteln, nicht besonders groß. Das andere ist aber, daß viele Patienten häufig noch nicht so belastet werden können. Das ist also sehr schwierig, jetzt den speziellen Arbeitsplatz zu bekommen. Und aus diesem Grunde ist es wichtig, daß die Patienten einen engen Kontakt zu ihrem Arzt oder zu dem Psychologen halten, der sie vor der Entlassung

untersucht und prüft, inwieweit sie im Beruf leistungsfähig sein können, der sie dann auch berät. Das dritte, was dabei zu beachten ist: Wir versuchen von uns aus zu bestimmten Firmen, zu Betriebsräten beispielsweise, Kontakt aufzunehmen...«
»Was heißt wir?« frage ich.
»Das sind einige Ärzte. Ich selbst tue das auch und eigentlich mit gutem Erfolg. Und wenn man da ganz persönlich mit diesen Kollegen(!) dort spricht, findet man erstaunlich viel Verständnis. Es ist also eine Frage, ob der Patient mit dem Arzt zusammen bespricht, wie ist seine Leistungsfähigkeit jetzt, die kann sich auch ändern nach der Entlassung, und daß man gemeinsam nach Wegen sucht. Es ist so, wir haben gerade kürzlich jemand vermitteln können, den ich entlassen habe vor einem Jahr, der kurze Zeit darauf seine Arbeitsstelle verloren hat, der ein ungünstiges Zeugnis hatte. Das ist für mich erklärbar, weil er eben krank war, da habe ich zunächst mit dem Personalchef gesprochen. Der hat dieses Zeugnis geändert, und dann haben wir für ihn auch eine Arbeitsstelle gefunden. Man sollte das also nicht so als Schicksal hinnehmen – ich bekomme keine Arbeit mehr –, sondern das ganz klar besprechen und nach Lösungen suchen.«
Die Patienten stoppen das Band. »Also, das hört sich tatsächlich an wie ein Märchen«, sagt einer.
»Ich weiß auch nicht, was der da erzählt hat, ist bestimmt nicht repräsentativ«, wendet der zweite ein.
»Nein«, bestätigt der erste.
»Ja, was soll ich denn da erzählen«, fragt der dritte. »Sechzig, siebzig, achtzig Bewerbungen in sieben Monaten und daß ich nirgendwo eine Anstellung gefunden habe?«
»Hast du mit den Leuten vom Arbeitsamt gesprochen?« hakt der erste nach.
»Selbstverständlich«, berichtet der dritte. »Da bin ich auch gewesen. Erst hatten sie meine Unterlagen die ersten drei Monate in der falschen Abteilung liegen. Da habe ich mich gewundert, warum ich nie eine Nachricht kriegte vom Arbeitsamt oder eine Aufforderung. Aber ich nehme an, ich war in der Zeit zwar arbeitslos gemeldet, bekam aber noch keine Arbeitslosenunterstützung, sondern Krankengeld. Da haben die gesagt: Erstmal wollen wir die Leute zu vermitteln versuchen, die Arbeitslosengeld empfangen. Der kriegt ja wohl noch Krankengeld.«
»Warum hast du dich nicht an deinen Arzt gewendet?« bohrt der erste weiter.

»An meinen Arzt gewendet?« wiederholt der zweite Patient völlig erstaunt, die List der Frage nicht bemerkend.
»Wir haben ja gerade gehört, daß das sehr fruchtbar sein soll.«
»Ja, das ist so«, versteht der Angesprochene sehr schnell die Ironie. »Ich habe das schon mal in einem Gespräch gesagt, daß das eine gute Stube sein muß bei dem Herrn Professor und daß ich die nicht kennengelernt habe, diese gute Stube. Meinen Oberarzt habe ich nur alle acht Tage mal bei einer Chefvisite gesehen, für drei Minuten. Und der Herr Professor, der vielleicht noch größeren Einfluß in der Industrie hat, der kam ja nur alle vier Wochen mal durch und hat gegrinst und gesagt: Ihnen geht's aber gut! Aber sonst hat der doch bei uns auf der Station nichts gemacht.«
»Wie kann ein Mann behaupten«, meldet sich der zweite Patient, »daß er eben so viele Einflüsse hat und sie auch geltend macht und da irgendeinen auf dem Präsentiertellerchen spazierenführt – und alle anderen stehen daneben und haben nothing.«
»Der Staat sollte mit gutem Beispiel vorangehen«, sagt der erste.
»Der Staat«, meldet sich eine Patientin, »den gibt es nicht.«
»Der hat schon Bekloppte genug angestellt«, sagt sarkastisch der zweite Patient. »Stell dir mal vor, jetzt sollen wir auch noch dahinkommen.«
Eine Patientin, die bis dahin meist geschwiegen hat, meldet sich zu Wort, zieht gesellschaftliche Schlüsse, sagt, auch der Streß im Arbeitsleben müsse berücksichtigt werden. Und den Streß hielten viele nicht aus: »Dann werden sie krank. Und dann kommen sie in die Klinik, und dann kommen sie raus, und dann finden sie keine Arbeit mehr. Und zwar in der gleichen Arbeitswelt, die sie krank gemacht hat, die stößt sie dann aus – und dann sind sie halt draußen.«
»Wir sind ja nur das Ende vom Lied, die in der Klinik«, geht ihre Analyse weiter. Die »draußen«, mit ihren Schwierigkeiten, haben den Stempel »geisteskrank« noch nicht. »Die haben aber auch ihre Schwierigkeiten und fressen Tabletten, damit sie in der Arbeit noch klar kommen. Und eine ganze Zeit lang merkt es ja keiner, und irgendwann brechen sie zusammen, kommen in die Klinik, und da kriegen sie den Stempel.«
Die Diskussion im Studio ist abgeschlossen. Das Band wird wieder abgefahren: »Ich habe mich Anfang des Jahres um eine neue Stellung beworben als Angestellter. Man bekommt dort Formulare vorgelegt: Waren Sie krank? und dergleichen. Ich

habe die ersten Male gesagt, daß ich in der Nervenklinik war und wurde abgelehnt. Erst als ich eine Fragenbogenfälschung vorgenommen habe, wurde ich eingestellt. Ich habe deshalb verschwiegen, daß ich überhaupt jemals krank war. Auf dem Fragebogen steht unten ganz klein: Wenn die Angaben nicht wahrheitsgemäß gemacht werden, kann das ein fristloser Entlassungsgrund sein.«
Ein anderer Patient greift das auf: »Mir ist mal folgendes passiert: Also ich habe hin und wieder schwere Depressionen. Ich hatte eine Arbeitsstelle zum 1. Oktober bei einer kleinen Firma. Der Chef war sehr verständnisvoll mir gegenüber. Ich sagte, ich hatte oft Probleme mit dem Alkohol, da habe ich schon mal eine Stelle verloren. Also ich fing die Stelle an, habe meinem Chef aber nicht gesagt, daß ich vorher schon psychisch krank war. Ich habe die entsprechende Frage im Anstellungsbogen, also im Vertrag, nicht beantwortet. Und wir waren nur eine kleine Firma, und, immer wenn mein Chef mich nun gerufen hat und beruflich mit mir was zu besprechen hatte, hab ich gedacht: Jetzt weiß er es, jetzt hat er was spitzgekriegt. Das habe ich vom 1. Oktober bis zum 23. Dezember durchgehalten, und dann habe ich einen Nervenzusammenbruch gekriegt und mußte wieder in die Klinik, und im Februar haben wir uns dann im gegenseitigen Einvernehmen getrennt.«
»Ich kann nun dem möglichen nächsten Arbeitgeber nur erklären, wie das gelaufen ist und was ich da gemacht habe. Ich würde jedem, der nun nicht in der Lage ist zu sagen: ›Mir ging's gut, ich habe im Lotto gewonnen‹ und sonstwas, würde ich raten: Gebt es zu, daß ihr krank wart. Der Chef, der dafür Verständnis hat, stellt euch ein. Der Chef, der dafür kein Verständnis hat, stellt euch nicht ein, und da ist für euch in der Firma auch kein Bleiben, denn das ist besser, daß ihr da gar nicht erst anfangt. Lieber vierzig Stellen abklappern und die Tür zugeschmissen kriegen als einmal sagen: ›Ich war nicht krank‹. Und das ganze mit sich rumschleppen und dann die Stellung im Endeffekt dadurch doch verlieren.«
Am Ende des Features »Klinikinsassen machen eine Sendung« diskutieren die Patienten ihre Ängste vor Bestrafung. Sie glauben, wenn sie diese Ängste aussprechen, würde sie dies vor Repressalien schützen. Für denkbar halten sie einen abrupten Medikamentenentzug oder eine wesentliche Höherdosierung, die die kritische Zunge lähmt.
»Also die Beweggründe mit Medikamenten würde ich keinem Arzt unterstellen«, sagt der ehemalige leitende Angestellte.

Zwei Sätze weiter korrigiert er sich: »Das wird offiziell keine Bestrafung sein. Wenn das tatsächlich eintreffen sollte, daß auf Grund dieser Sendung etwas passiert gegen irgendeinen von den Patienten, dann wird das in Form einer Entlassung eventuell erfolgen. Da heißt es: Der Patient ist gesund, er muß sich wieder seiner Umwelt anpassen, desto länger er drinbleibt, das schadet ihm nur. Oder aber, wie ich die Klinikleitung einschätze, so wie ich es handhaben würde: Ich würde über den Dingen stehen, ich würde sagen: ›Ach, laß die doch ruhig mal 'ne Stunde im Rundfunk quasseln. Da hören sowieso nur ein paar Leute zu, und rauskommen tut da sowieso nichts dabei. Das läuft sich von alleine tot.‹«
Es wird noch einmal diskutiert. Denn was befürchtet worden war, ist ja nun beim letzten Schnitt eingetroffen. Eine Patientin schlägt vor, nach dem Stil der »Zehn kleinen Negerlein« vorzugehen (am Anfang waren es zehn, und dann werden es immer weniger). Ich spreche in aller Eile, im Auftrag der Patienten, einen Schlußkommentar. Da wird aufgezählt, wie es den Psychiatriekritikern ergangen ist, wie zuletzt den einen die polizeiliche Anordnung ereilte, er sei »mit hoher Wahrscheinlichkeit geisteskrank«.
Die letzten drei Patienten im Studio hören den Kommentar und beschließen, daß er gesendet werden soll.

3. Schwache Nerven einer Nervenklinik

Ein Lehrstück über den Umgang der Psychiatrie mit ihren Kritikern

Am Tag nach der Sendung setzt sich der Assistentensprecher der Nervenklinik an die Schreibmaschine. Er schreibt mir einen Brief: »Im Gespräch mit Patienten werden Sie dabei nur die subjektive Einschätzung der Realität kennenlernen ...« Was ein Patient sagt, ist subjektiv, die subjektive Einschätzung des Arztes ist objektiv. Der Patient bleibt immer der Kranke, er deutet die Realität um. Dabei haben in diesem Konflikt die Patienten Realitätstrübungen bei ganz anderen Personen registrieren können. Sie registrierten beispielsweise, daß die Psychiatrie-Festredner zumindest den Ist- mit dem Soll-Zustand verwechselten. Aber die Psychiater haben nun einmal das Definitionsmonopol.
Der Arzt: »Ich gehe von einem konkreten Beispiel aus. Ich stelle mir vor, daß sich in einer Ihrer Gesprächsrunden ein Patient befinden würde, der an akutem Verfolgungswahn leidet. Er würde etwa die Mikrophone als vom russischen Geheimdienst aufgestellt erleben ...« Eine Anmerkung sei erlaubt: Könnten die Mikrophone nicht auch vom Verfassungsschutz sein?
Der Patient könnte also die Mikrophone als vom russischen Geheimdienst aufgestellt erleben, »die ganze Gesprächssituation als Verhör umdeuten oder Sie als gegnerischen Spion verdächtigen. Sie können sich voll zurückbilden, so daß zum Beispiel nur noch eine Neigung zu Mißtrauen oder eine Tendenz zurückbleibt, in allen Ereignissen eine für die eigene Person wichtige Bedeutung zu sehen. Bei vielen Patienten mit anderen Erkrankungen kommt es nie zu solch gravierenden Umdeutungen der Realität. Bei Ihnen«, die Großschreibung steht als Freudsche Fehlleistung im Original, »ist das innere, meist selbst gar nicht wahrgenommene Mißtrauen Ursache von Kontaktstörungen, Depressionen oder ähnlichen Erkrankungen.«
Ist dies vielleicht noch einfach zu begreifen – nun wird es schwieriger: »Es ist selbstverständlich, daß jeder Beteiligte bei dem Patienten mit Verfolgungswahn dies als grobe Realitätsverkennung deuten würde. Bei anderen Erkrankungen, bei denen

diese Prozesse der Projektion – dieser Terminus aus der Psychoanalyse bezeichnet den Umstand, daß von diesen Patienten Gefühle meist aggressiver Natur nicht zur eigenen Person gehörig, sondern in Anderen vorhanden erlebt werden – nicht zu einer Umdeutung der äußeren Realität, sondern nur zu einer Umdeutung der Gefühle anderer Personen führen, ist dies allerdings nicht so eindeutig... Der Kern sehr vieler Störungen und Beschwerden, wegen denen Patienten zu uns kommen, liegt in einer verhängnisvollen, geradezu tragischen Neigung, Zuwendung nicht annehmen zu können oder sie umzudeuten in geheime Ablehnung, obwohl sie nichts wünschten und bräuchten als gerade diese positive Zuwendung.«

Am 8. Dezember sendet der *Hessische Rundfunk* eine Diskussion über psychiatrische Versorgung, an der auch Professor *Pittrich* zur Patientensendung Stellung nehmen kann. Am 9. Dezember schreibt der Psychiater einen Offenen Brief: »Betr.: **Eine kleine Sachinformation für *Ernst Klee,* den Kämpfer für eine humane Gesellschaft, den Ächter der Pillenkeule.«** Dieser Offene Brief soll die Diskussion versachlichen. *Pittrich* informiert über die heilsamen Wirkungen, die von Psychopharmaka ausgehen, und erklärt in einer Präambel:

»...Bin ich wirklich ein ausbeuterischer, reaktionärer Menschenfeind, weil ich in der Klinik Psychopharmaka verordne? Oder gibt es vielleicht Mißverständnisse zwischen uns, die aufklärbar sind. Ich habe mich ernsthaft geprüft und bin zu dem Ergebnis gekommen, daß ich zwar viele Fehler habe, mich aber trotzdem zu einer humanen Gesellschaft bekennen kann. Seit mindestens 2000 Jahren wird für diese auf Menschenliebe gegründete Gesellschaft gekämpft. Viele Schlachten sind verloren worden. Viele falsche Propheten haben uns hereingelegt. Wir warten immer noch auf den Erlöser. Heute ist die Wahrscheinlichkeit nicht sehr groß, daß wir unsere seelischen Leiden morgen schon in der Geborgenheit einer gesunden Gesellschaft vergessen können. Wir wollen vorsichtig und sorgfältig unterscheiden zwischen Glauben und Hoffen, zwischen Behauptungen und gesichertem Wissen. Ich denke, daß mir das mitunter gelingt, weil ich mich im wissenschaftlichen Arbeiten üben konnte.«

Am 10. Dezember kommt es zu einem Treffen zwischen Patienten und Ärzten in der Klinik. Es wird kritisiert: »Wenn ein Arzt etwas sagt, das zählt, wenn ein Patient etwas sagt, muß er sich ungeheuer legitimieren.« Und ein Arzt gesteht freimütig: »Man ist gezwungen, Hauptverbandsplatz Psychiatrie zu spielen. Sie haben Recht, ich verstehe das vollkommen, der einzelne Betroffene findet es furchtbar, und ich finde es auch furchtbar, daß wir uns nicht intensiver um einen Patienten kümmern können. Ich muß tatsächlich Abstriche an Qualität machen, weil meine Zeit begrenzt ist. Es befriedigt mich nicht, weil ich mehr anbieten möchte.«

Der Vorwurf, die Patienten hätten für ihre Kritik Repressalien erlitten, wird zurückgewiesen. Aber grundsätzlich sei die Kritik der Patienten schon zu Recht gewesen. Ein Arzt kann sie nicht auf sich beziehen, »denn ich bin in Sachzwängen«.

Nach soviel Zustimmung kommt es zu einem Zwischenfall: Eine Patientin, neu in der Gruppe, klagt, sie sei schon zehn Monate (!) auf einer Station, habe nur Medikamente bekommen und alle 14 Tage andere. Ein Oberarzt weist sie sofort in die Patientenschranken, macht ihr sozusagen die Krankheit zum Vorwurf: »Sie waren doch auch in anderen Kliniken.« Ein Patient sagt deutlich vernehmlich durch alle Proteste hindurch: »Es bleibt dabei, wir sind bekloppt.« Ein anderer sagt: »Ein Arzt ist gar nicht in der Lage zu begreifen, was ein Patient leidet, empfindet.«

Professor *Pittrich* breitet der Versammlung seine Sorgen aus, die er sich um die Patienten im Funkhaus gemacht hat, es hätte ja auch etwas passieren können! Dem wird entgegengehalten, warum man dann einige Patienten unmittelbar nach den Funkaufnahmen auf die Straße gesetzt habe?

Ein Patient, den der Klinikchef in einer Vorlesung Medizinstudenten vorgeführt hatte: »Wie Professor *Bochnik* mich den Studenten vorstellte, das war für mich anstrengender. Im Funk habe ich mich wohlgefühlt. Es war für mich Therapie.« Eine Patientin: »Das muß ich unterstreichen.«

»Daß hier Angst herrscht«, erklärt ein Diskussionsteilnehmer, »beruht darauf, daß hier ungleiche Verhältnisse sind, daß Psychiater Macht über Patienten haben, und daß die Patienten in der Klinik eigentlich nur die Macht haben, aus dem Fenster zu springen.«

Thomas Charlier, Sprecher der *Sozialtherapie*, einer Laien-Hilfsorganisation in Frankfurt, meint, die subjektive Wahrnehmung der Patienten würde als Krankheitssymptom hingestellt und die subjektive Wahrnehmung der Ärzte als objektive Diagnose.

Ein Arzt: »Wir sind doch nicht aus Holz. Wir merken doch die Ansprüche. Wir fühlen die. Und wir wissen ganz genau, daß wir sie nicht alle erfüllen können, und dagegen kann man sich

wehren. Entweder mit der ›Pillenkeule‹ oder mit Ordnungen.«
Schließlich wird beschlossen, daß sich die Erfahrungsgruppe am 6. Januar 1977 wieder trifft. Dann wollen sich die Ärzte den Argumenten der Patienten stellen. Dann sollen gemeinsam Verbesserungen überlegt werden.
Einen Tag nach der Diskussion ruft mich der Psychiater *Pittrich* an. Es sei bei uns wie in einer Ehe. Wir müßten einen neutralen Dritten, einen Eheberater sozusagen, suchen, der unsere Ehekrise löst. Ich bin auf diesen Vorschlag nicht eingegangen.
Am 16. Dezember beginnt eine Serie in der *Frankfurter Rundschau*, die die Vorgänge aufgreift. »Patienten wurden in der Klinik bestraft«, heißt der erste Beitrag von *Doris Weber*. Am 17. Dezember heißt es: »Psychiater widerspricht Vorwürfen«. Der dritte Artikel, »Konflikte ›unter uns‹?«, erscheint am 18. Dezember. Damit wird der Konflikt endgültig öffentlich.
Am 20. Dezember bitten mich Medizinstudenten aus der Psychiatrie-Vorlesung von Professor *Bochnik*, doch einmal mit in die Vorlesung zu kommen. Herein kommt auch Professor *Pittrich*. Er hebt einen Vortrag über Vorurteile im allgemeinen und Vorurteile von Journalisten im besonderen an. Nach einigem Hin und Her wird die Patientensendung abgespielt. Es kommt zu einer erregten Debatte der Studenten mit den Psychiatern.
Professor *Bochnik* schickt sich zu einem langen Monolog an. Er sagt, die Vorwürfe, es hätte Repressalien gegeben, seien eine »Gemeinheit«. Würden die Vorwürfe stimmen, müßte er die Ärzte bestrafen.
Am 6. Januar 1977 folgt das angesetzte Treffen zwischen Patienten und Ärzten. Es erscheinen nur Professor *Pittrich* und ein ehemaliger Assistenzarzt. *Pittrich*: Er habe mich in die Klinik eingeladen, nun lade er mich wieder aus. Außerdem habe die Klinikleitung beschlossen, gegen mich Strafanzeige wegen Verleumdung zu erstatten.
Die Ärzte haben entschieden, daß es keine Repressalien durch Ärzte gegeben hat. Die Patienten wurden dabei gar nicht gefragt, ob sie die Arbeit in der Gruppe mit mir abbrechen wollten. Mit dem Trick, den Konflikt zu personalisieren, versucht man von den Argumenten der Patienten abzulenken. Man baut einen Buhmann auf, den man auch noch anzeigen kann. Daß es die Argumente und Aussagen der Patienten sind, die angezeigt werden, verschweigt man. Auf den Vorwurf, es habe Repressalien gegeben, antwortet die Klinik mit einer Repressalie: mit der angedrohten Anzeige.

Die Patienten reagieren auf ihre Weise: Sie erklären sich solidarisch mit mir und kündigen in einem Brief an die *Frankfurter Rundschau* einen Spendenaufruf zur Bestreitung der Prozeßkosten an, wenn die Strafanzeige eintreffen sollte. Die Strafanzeige ist jedoch nie gestellt worden, sondern diente wohl eher als Drohgeste.
Am 11. Januar schreibt Professor *Pittrich* einen Brief an *Horst Wolf*, Chef der Lokalredaktion der *Frankfurter Rundschau. Doris Weber*, die die Psychiatrie-Serie geschrieben hat, habe den Sachverhalt »erstaunlich unkritisch, überwiegend mißverständlich, teilweise sogar falsch« wiedergegeben. »Frau *Weber* hat im wesentlichen ihrem Kollegen *Klee* einen Dienst erwiesen.« So einfach wird man die Aussagen von Patienten los.
Die Vorwürfe der Patienten, es habe Repressalien gegeben, könne die Klinik nur durch Bruch der Schweigepflicht kontern. »Deshalb sind seine Attacken so hinterhältig.« Und weiter: »Er gab sich im Verlaufe der vielfältigen Diskussionen als Vertreter der ›Antipsychiatrie‹ zu erkennen, einer Ideologie, der sowohl religiös-kapitalistische Sektierer *(Scientology Church)* als auch engagierte Linke anhängen, die außerhalb unserer in den Parlamenten vertretenen Parteien nach gesellschaftlichen Einflußmöglichkeiten suchen.«
Wer als »Antipsychiater« gebrandmarkt ist, ist von der Schulpsychiatrie verworfen, zum Ketzer verdammt. Dabei hat sich eine absurde Situation ergeben: Daß psychisch Kranke zumindest zum Teil unter unmenschlichen Bedingungen leben, ist bekannt, ist auch anerkannt, zum Beispiel von der Psychiatrie-Enquete. Die Zustände in der Psychiatrie ermöglichen nur eine Verwahrung, eine Absonderung der A-Normalen. Es ist ein anti-therapeutischer Zustand, der in den psychiatrischen Kliniken herrscht, eine Atmosphäre, die Heilung eigentlich nicht ermöglicht, sondern zur »Chronifizierung« der Patienten beiträgt, sie zu Dauerpatienten macht. Der Zustand der gegenwärtigen Psychiatrie ist anti-psychiatrisch.
Bereits am 24. Mai 1973 schrieb die *Frankfurter Allgemeine Zeitung*: »Wer sich in der gegenwärtigen Psychiatriediskussion nicht auskennt, wird vermutlich naiv fragen, ob diese eben beschriebenen Zustände denn Anti-Psychiatrie seien. Als was sonst sollte man sie bezeichnen? Offensichtlich handelt es sich hier um Maßnahmen gegen [hervorgehoben v. Verf.] Kranke, die so rasch wie möglich überwunden werden müssen.«
Die Schulpsychiatrie meine aber unter »Anti-Psychiatrie« jene, so der Artikel in der *Frankfurter Allgemeinen Zeitung*, die nicht

mehr an die Reformfähigkeit der gegenwärtigen Anstaltspsychiatrie glauben, die in den letzten 30 Jahren zu der Überzeugung gekommen sind, daß die Einrichtungen zu schleifen und die Insassen zu entlassen seien, weil der Schaden durch die Internierung größer ist als ein eventueller Heilerfolg. Ja mehr noch: Die »Antipsychiater« sind sehr unsicher, daß es überhaupt psychische Krankheiten – wie beschrieben – gibt. Vielmehr sei die traditionelle Psychiatrie Macht und Gewalt gegenüber der Unterlegenheit sozial Andersartiger, sich anders Verhaltender und Reagierender.

Und in der Tat, wenn man den anonymen Brief einer Patientin liest, den man am 7. April 1973 in der *Süddeutschen Zeitung* lesen konnte, dann kommt man zu der Feststellung, daß die gegenwärtige Psychiatriepraxis anti-psychiatrisch ist: »Auf der Rangstufe des Pflegepersonals sind die primitivsten Regeln der Höflichkeit außer Kraft: Gruß, Bitte, Entschuldigung. Patientenzimmer betritt man ohne Anklopfen. Erwünschte Arbeiten werden befohlen; Radio- und Fernsehsendungen willkürlich abgewürgt. Medizin wird verabreicht: in den Mund geschoben und Wasser nachgegossen. Verlegungen – in ein Zimmer, in ein anderes Haus – erfolgen ohne Erörterung, ohne Vorbereitung, ohne Rücksicht auf Neigungen oder Aversionen. Ehe man die Lage erfaßt, sind Freunde verschwunden, Kontakte zerstört. Das ist kein Lebensraum, das ist ein Rangierbahnhof, mit Abstellgleisen.«

Normalerweise wird man diese Behandlung – seit Jahren ist sie bekannt – als »anti-psychiatrisch« bezeichnen, weil sie Menschen zerstört (nur sehr starke Personen überdauern). Aber die herrschende Anstaltspsychiatrie hat es geschafft, ihren Standard, ihre Behandlung als »Psychiatrie« auszugeben, die Kritiker an dieser Unmenschlichkeit aber als »Anti-Psychiater« zu diffamieren, dem Ketzerverdikt anheimzugeben, dem ideologischen Scheiterhaufen zu überantworten.

Am 13. Januar schreibt Klinikleiter *Hans-Joachim Bochnik* ebenfalls an die *Frankfurter Rundschau*: »Herr *Klee* suchte keine objektive Information. Durch Manipulationen hat er vorbei an den Tatsachen seine Vorurteile zu illustrieren versucht, die ihn als Mitläufer der Sekte der Anti-Psychiater auswiesen, die sich seit Jahren als völlig unbeeindruckbar vom Stand der erfahrungswissenschaftlichen psychiatrischen Forschung erwiesen hat. Ungerührt von wissenschaftlich erhärteten Tatsachen verbreiten diese Gläubigen unsinnige Behauptungen über Psychopharmaka, Elektroschocks und über die Ursachen endogener Psychosen. Zuletzt stellen sie die Verhältnisse auf den Kopf: Die Psychiater sind schuld an den psychischen Krankheiten. Resonanz findet dieser neue Aberglaube bei linksgestimmter Kritikbereitschaft und bei solchen, die für ein Schicksal nach Sündenböcken suchen.«

Wer das Dogma verwaltet, erklärt die anderen natürlich zu den Sektierern. *Bochniks* Äußerungen sind quasi die Illustration zu einem Abschnitt aus *Thomas S. Szasz'* Buch »Die Fabrikation des Wahnsinns«* (ein Vertreter der »Anti-Psychiatrie«): »Wenn Ideologien in ein Heils- oder Therapievokabular eingekleidet sind, erweisen sie sich als besonders kritikunempfindlich. Solche Glaubenssysteme fordern Unterwerfung unter die den Priestern oder Ärzten offenbarte Wahrheit und definieren obendrein jede Skepsis als Ketzerei oder Wahnsinn.«

Einer der Streitpunkte im Frankfurter Psychiatriestreit ist die Anwendung von Elektroschocks. Einen Elektroschock wandte erstmals der italienische Psychiater *Ugo Cerletti* 1938 an. Er legte zwei Elektroden am Kopf des Patienten an und jagte dann Strom durch das Hirn. Der Patient »begann abrupt in den höchsten Stimmlagen zu singen und wurde dann still«. *Cerletti* und den anderen Forschern erschien die Spannung (80 Volt) zu gering, sie wollten das Experiment am nächsten Tag wiederholen. »Doch plötzlich sagte der Patient, der unserer Unterhaltung offensichtlich gefolgt war, deutlich und ernst, ohne den vorherigen Unsinn: ›Nicht noch einen, es wäre tödlich.‹« Viel später, am Ende seines Lebens gestand *Cerletti*: »Als ich die erste Reaktion des Patienten sah, dachte ich im stillen: Das müßte verboten werden!«

Wie ein Elektroschock funktioniert, zeigte 1976 Dr. *Dieter Hellauer*, freier Mitarbeiter am *Max-Planck-Institut* in München, in der Fernsehreihe »Bilder aus der Wissenschaft«. Den Elektroschock hatte *Hellauer* in der Frankfurter Nervenklinik gefilmt. Man spricht dort aber nicht mehr vom Elektroschock, sondern vom »Heilkrampf«. Im Gegensatz zu früher zuckt der Patient nicht mehr, so daß es auch nicht mehr zu Knochenbrüchen kommen kann. Der Patient wird narkotisiert, und mit Medikamenten unterdrückt man den Krampf. Diese sogenannte Humanisierung des Elektroschocks haben Juristen durch Gerichtsurteil erzwungen. Doch ein Stromstoß von 100 bis 150 Volt geht nach wie vor durch das Hirn. Und dabei werden Millionen von Gehirnzellen vernichtet, sagen die Kritiker der Schockerei.

* Frankfurt (Fischer Taschenbuch Bd. 6321) 1976

Bei Katzenexperimenten fand man, daß sich an Gewebeschnitten ein regelrechter Stromkanal durch das Gehirn nachweisen ließ.
In jener Wissenschaftssendung konnten die Zuschauer verfolgen, wie Oberarzt Dr. *Schuster*, ebenfalls Psychiater an der Frankfurter Universitätsnervenklinik, eine vergebliche Elektrokrampfbehandlung demonstrierte: Selbst der fünfte Elektroschock konnte die geschockte Patientin nicht von ihrem Zwangsdenken befreien.
Nur Professor *Hans-Joachim Bochnik* wußte frohe Kunde über die Tochter eines Kollegen zu berichten: »... nach drei Elektroschocks war sie fröhlich, munter und vergnügt.« Die Wissenschaftsredaktion ließ dagegen schockbehandelte Patienten als Zeugen auftreten: »Vor zehn Jahren hatte ich 15 Schockbehandlungen. Ich verließ die Klinik und kam heim zu sechs Kindern, deren Alter ich vergessen hatte, in Räume, die ich nicht mehr erkannte, und mit denselben Problemen und Ängsten wie vor drei Monaten. Ich wollte, ich hätte die Erinnerung zurück, die die Schocks mir nahmen.«
Auch *Ernest Hemingway* hat den Elektroschock kennengelernt. Nach zwei Schockserien schrieb er: »Sie nehmen mir mein Gedächtnis weg und zerstören mir meinen Lebensinhalt.«
Professor *Bochnik* ließ solche Kritik nicht auf sich sitzen und diagnostizierte bei Dr. *Hellauer* »persönliche Komplexe«. In einem Brief an *Bochnik* gab Dr. *Hellauer* die Äußerung eines Psychiaters der Frankfurter Klinik wieder, »daß ein Hammerschlag auf den Kopf dieselbe Heilwirkung wie ein Elektroschock auslösen könne.«
Am 20. Januar nimmt Professor *Bochnik* auf einer Fachschaftsversammlung der Medizinstudenten erstmals öffentlich Stellung. Der Elektroschock, erklärt er, beruhe zwar auf einem Irrtum, daß er gegen Schizophrenie helfe, habe aber eine ganz ausgezeichnete Wirkung gegen Erregungs- und Verstimmungszustände, ja, »eine ganz zauberhafte Wirkung«. Den 200 Jungmedizinern verschlägt es die Sprache; so süffisant hatte noch kaum einer über die Schocks geplaudert.
Doch damit nicht genug. Den Medizinstudenten wird auch sonst Nachhilfe erteilt: »Nur ungebildete Schwachköpfe können die Wirkung der Psychopharmaka bestreiten.« In der Frankfurter Psychiatrie sei es »so still wie auf einer internistischen Abteilung«.
Es hagelt Vorwürfe. So, daß Patienten von Pflegern mit nassen Handtüchern geschlagen würden. *Bochnik* dazu: Angesichts der

angespannten Versorgungssituation in der Klinik könne »durchaus einmal die Hand ausrutschen«.

In einer Resolution fordern die Teilnehmer dieser Veranstaltung (eine Stimmenthaltung), die drohende Strafanzeige müsse sofort zurückgenommen und die Gespräche müßten weitergeführt werden. Die Klinikleitung bezeichnet die Resolution der zweihundert Jungmediziner daraufhin als ein Manifest des *KBW* (des *Kommunistischen Bundes Westdeutschland*). Wer Kritik übt, wird in den Verdacht des Kommunismus gebracht, die inzwischen schon übliche Art, sich lästiger Andersdenkender auf einfachste Weise zu entledigen. Man bringt den Kritiker in den Geruch des Kommunismus, der Verfassungsfeindschaft, und baut darauf, daß irgendwas schon hängenbleibt.

Am 1. Februar kommt es zu einer Veranstaltung im Frankfurter Pressekeller, die von den beiden hessischen Journalistenverbänden organisiert ist: »Macht uns unsere Psychiatrie verrückt? – Psychiatrische Behandlung und Versorgung in Frankfurt.« Vierhundert Interessierte und Betroffene drängen sich im Saal, auf den Fluren, auf der Treppe und sogar noch auf der Straße. Erstmals muß eine Veranstaltung der Journalistenverbände wegen zu großer Beteiligung verschoben werden.

Auf dieser Versammlung verteilt Professor *Bochnik* einen offenen Brief: »Wenn ein Patient sich zu Recht beklagt (!), daß sein Arzt ihn nicht genügend über Wirkungen und Nebenwirkungen der verabreichten Medikamente aufgeklärt habe, dann ist das nicht in Ordnung. Dies ist aber ein allgemein humanärztliches, aber kein psychiatrisches Problem.«

Und zu den Vorwürfen der Repressalien: »Es gab und gibt keine Repressalien gegen Patienten. Es gehört zur Ausbildung des Psychiaters, daß er selbst gefährliche Aggressionen, die in Psychose vorkommen können, als Symptom einer Krankheit gesehen werden, die den Kranken als Persönlichkeit niemals aus der Verpflichtung zur helfenden, wohlwollenden Zuwendung entläßt. Ein strafender Arzt hätte seine Berufspflicht schwer verletzt. Aber warum sollte es nicht ausnahmsweise auch eine grobe Pflichtverletzung geben? Es gibt Richter, die das Recht beugen, untreue Anwälte, stehlende Polizisten und lügende Journalisten. Warum also nicht auch einmal einen strafenden Arzt?«

Am 15. Februar sollen die beiden Psychiatrieprofessoren öffentlich Stellung nehmen. Während sich tausend Interessierte aufmachen, der große Hörsaal in der Uniklinik sich füllt und schließlich auch dieser Saal wieder überfüllt ist, haben die beiden, wenige Stunden vor Beginn, den Zeitungsredaktionen

bereits zustellen lassen, daß sie nicht erscheinen würden. Wurde früher stets bejammert, die Öffentlichkeit zeige kein Interesse, wird das große Interesse der Öffentlichkeit nun zum Negativum: »Wir hatten zum 1. 2. 77 gerne zugesagt«, steht in dem Schreiben an die Redaktionen, »mit Journalisten und den Trägern der Verantwortung über die Versorgung psychisch Kranker in Frankfurt zu diskutieren. Dieses gute Vorhaben, das wegen Überfüllung platzte, ist gegen die Intentionen der Veranstalter durch Herrn *Klee* und seine Freunde umfunktioniert worden zu einem Forum der Antipsychiatrie ... Wir setzen uns nicht mehr mit Herrn *Klee* an einen Tisch, der seit 2 Monaten bundesweit die Unwahrheit über strafende Ärzte(!) im Zentrum der Psychiatrie verbreitet und jeder sachlichen Klärung ausweicht, statt dessen immer neue Verleumdungen in der Öffentlichkeit kolportiert.«
Die Patienten, genauer die ehemaligen Patienten, denn man hat sie ja alle nach ihrer Rundfunksendung entlassen, »trauern um den Versuch, in der Nervenklinik etwas zum Vorteil der Patienten zu verändern«. Sie erklären: »Wir betrachten es als Diffamierung, wenn Professor *Bochnik* uns in einem offenen Brief als Leute schildert, die die Realität verkennen. Damit ist jegliche Diskussion unmöglich gemacht. Alles, was wir sagen, gilt von vorneherein als verrückt. Gegen diese ständigen Diffamierungen wehren wir uns entschieden. Unsere Forderungen, die Psychiatrie menschenwürdiger zu gestalten, können auf die Dauer nicht als verrückt abgehandelt werden.«
Seit dem 15. Februar, dem Tag, da die beiden Psychiater sich der öffentlichen Diskussion nicht stellten, setzen sie sich nicht mehr mit mir an einen Tisch. Eine Taktik, die bei den Massenmedien zum Teil sogar erfolgreich ist. Am 16. Februar setzt beispielsweise das Hessische Regionalfernsehen einen Beitrag über den Psychiatriestreit wieder ab.
Dafür setzt eine Briefflut ein. Patienten und Angehörige von Patienten schreiben, rufen an. Verzweifelte Menschen oft, weil sie mit Elektroschocks behandelt wurden, weil nahe Angehörige in der Psychiatrie oder nach einem Aufenthalt dort Selbstmord begingen (ein Teil der Briefe ist in diesem Band abgedruckt, ihre Beiträge sollen nicht umsonst geschrieben sein). Es sind Berichte über das Elend der Psychiatrie, dargestellt von den Elenden.
Am 17. Februar rufen Mitarbeiter einer psychiatrischen Einrichtung in Frankfurt an. Ein Kollege, der auf der Veranstaltung im großen Hörsaal Kritik an seiner eigenen Einrichtung geübt

hat, hat Schwierigkeiten bekommen. Sein Arbeitsvertrag soll nicht in einen endgültigen Arbeitsvertrag umgewandelt werden. Das bedeutet praktisch die Entlassung.
Am 24. Februar trifft sich erstmals eine Arbeitsgruppe, die weiterhin zusammenbleibt, um psychiatrische Probleme zu besprechen und Alternativen anzubieten. Am 25. Februar wird die Kündigung gegen den kritischen Mitarbeiter zurückgenommen, Patienten und Mitarbeiter hatten einen wilden Streik angekündigt.
Am 28. Februar meldet sich in einem Leserbrief an die *Frankfurter Rundschau* erstmals ein politischer Vertreter zu Wort. *Erwin Schöppner*, Vorsitzender des Jugend- und Sozialausschusses im Frankfurter Stadtparlament *(SPD)*, schreibt:
»Einige meinen noch immer, einen unbequemen Kritiker dadurch schnell loszuwerden, indem man ihm etwas anhängt. Bei dem sozial engagierten Journalisten *Ernst Klee* versuchen es die Professoren *Bochnik* und *Pittrich* dadurch, daß sie *Klee* verdächtigen, eine antipsychiatrische Kampagne zu betreiben. Mit dem Wort ›Antipsychiatrie‹ kann man überhaupt sehr schnell jede sich regende Kritik abwürgen.«
»Kritik ist aber vor allem geboten, wenn es darum geht, Machtmißbrauch der Psychiatrie aufzudecken, die manchmal unerträgliche Dominanz der Ärzte gegenüber anderen Fachbereichen in der Psychiatrie zurückzudrängen und schließlich die Strukturen in den psychiatrischen Krankenhäusern zu verändern, die den Menschen nicht heil, sondern noch mehr krank machen.«
Auch die Vollversammlung des *Psychologischen Instituts* der *Friedrich-Alexander-Universität* in Erlangen-Nürnberg solidarisiert sich.
Mit dem Datum vom 28. März solidarisiert sich der Hauptpersonalrat beim *Hessischen Kultusminister* mit der Klinik. »Der Hauptpersonalrat beim Hessischen Kultusminister, als oberste Vertretung aller im Bereich des Hessischen Kultusministers tätigen Bediensteten von Hochschulen, Fachhochschulen, Universitäten etc., hat sich gemeinsam mit Vertretern des Personalrats des Uni-Klinikums Frankfurt am Main aus gegebenem Anlaß über die Personalsituation am Zentrum der Psychiatrie informiert.«
Dabei ist herausgekommen, daß die verschiedenen Tageszeitungen unseriös berichtet haben (»weist die unqualifizierten Angriffe des Herrn *Klee* und der ihm nahestehenden Presse zurück«). Die Anschuldigungen sind falsch, entbehren jeder

Grundlage. Man hat sich nicht einmal die Mühe gemacht, den Vorwürfen der Patienten nachzugehen, sondern Personalrat hat mit Personalrat gekungelt. Man hat auch mich, als den nun Hauptschuldigen, nicht einmal angehört. Das ist so, als werde eine Gerichtsverhandlung ohne den Angeklagten geführt, weil der Schuldspruch schon feststeht. Man wollte sich wohl reinwaschen, ein Psychiatrie-Frühjahrsputz sozusagen.
Sie werden die Entwicklung nicht aufhalten können. Die Zukunft einer menschennäheren Psychiatrie wird beginnen. Die Kritiker der jetzigen Psychiatrie haben die Zukunft auf ihrer Seite. Die Verteidiger haben nichts als die Vergangenheit.

Wer die Psychiatrie angreift
ist psychisch krank
und bedarf ärztlicher Hilfe
(aus: psychologie heute, Nr. 5/1977)

Der Grundkonflikt in Frankfurt geht um das Bild, das Psychiater sich von Menschen machen. Eine Patientin in einer Patientenzeitung: »Die Normalen, zu denen ich auch einmal gehörte, betrachten einen nicht mehr als ihresgleichen, man ist Patient, von Bezugspersonen abhängig, von einer bislang ungenügend erforschten Krankheit bedroht, mit Medikamenten, die sich verheerend auf Temperament, Aussehen, Antrieb, Wachheit usw. auswirken, gedopt.« Professor *Bochnik* schreibt ganz unbekümmert: »Verrückte, Wahnsinnige, Irre, Verschrobene, Dumme, Tobende, Anfallkranke, Süchtige und Trinker hat es seit jeher gegeben.«
Wer aber wie die Patienten und ich argumentiert, wird zum »Antipsychiater«. Freilich gibt es den psychisch Kranken nicht, sondern eine Vielzahl von Krankheitsbildern. Es wird auch niemand alle Psychopharmaka generell verurteilen, sondern nur den Mißbrauch, wenn das Pillenschlucken in den Vordergrund geschoben wird. Bereits 1972 hatten Patienten der Nervenklinik einen Hungerstreik veranstaltet. Grund: Sie müßten oft wochenlang auf ein Gespräch mit einem Arzt warten. Alles, was sie zu erwarten hätten, seien Tabletten, mit denen sie »ruhiggestellt« werden (*Frankfurter Rundschau* Nr. 203/1972). So wird der Pillenkonsum zur medikamentösen Zwangsjacke.
In Frankfurt gilt das Gespräch zwischen Patient und Arzt als »Komfort«. »Bei den meisten Patienten, die wir zu behandeln

haben, ist das Gespräch kein Ersatz für eine richtige Arzneimitteltherapie, und Illusionen in dieser Richtung fördern einen Konsumanspruch auf Zuwendung des Arztes.«

Wer seelisch Kranken das Gespräch ablehnt, weil es Komfort sei oder keinen Konsumanspruch auf Zuwendung des Arztes fördern will, macht Zuwendungsbedürftige hoffnungslos. Wer mehr Menschlichkeit fordert, wird zum Sektierer gestempelt. Als *Jan Foudraine*, ein holländischer Psychiater, 1974 vor der *Deutschen Gesellschaft für Psychiatrie und Nervenheilkunde* eine menschennähere Psychiatrie forderte, Abbau der hierarchischen Anstalten, erntete er Gelächter und ironischen Beifall. Dabei gibt es durchaus keinen Grund, so selbstherrlich zu reagieren. Experimente mit Pseudopatienten, die der Amerikaner *David L. Rosenhan* durchführte, nähren Zweifel an der Diagnosesicherheit der Psychiater. *Rosenhan*, selbst Psychiater, schmuggelte sich und sieben weitere Personen in psychiatrische Kliniken ein. Keiner wurde als »gesund« entlarvt, sondern alle wurden mit Medikamenten vollgestopft und alle später als »vorübergehend symptomfreie Schizophrene«, als Kranke also, entlassen. Nur die Klinikinsassen enttarnten jeden Pseudopatienten sofort! Umgekehrt informierte *Rosenhan* eine Klinik, daß er auch dort Pseudopatienten hinschicken werde. Er tat dies aber nicht. Doch nun wurden von 193 Neuankömmlingen (in drei Monaten) 23 Kranke als Pseudopatienten eingestuft.

Und es gibt noch einen Grund, wenig selbstherrlich zu sein. Im Verlauf des Konflikts haben sich Mitarbeiter der Klinik und Ehemalige, auch Angehörige und ehemalige Patienten gemeldet. Und es wird immer wieder behauptet, Patienten hätten sich in der Klinik oder nach der Entlassung umgebracht, als Folge ihrer Behandlung, als Folge der Abstempelung, als »Defekter« oder »Lebensuntüchtiger« deklariert zu sein: »Die ... hat ihren Selbstmord gemacht, weil sie nicht vergessen konnte, wie sie behandelt worden ist. Daß sie sich vorgekommen ist wie der letzte Dreck, mit dem man alles machen kann, den man links liegen läßt, um den man sich nicht kümmert. Und die großen Säle und wie man rumgeschleppt wird, das war viel schlimmer wie der (Elektro-)Schock. Das war immer ihr Argument: Ich kann einfach nicht darüber hinwegkommen, wie ich behandelt worden bin.«

Das Recht, die Psychiatrie zu kritisieren, steht den Psychiatern zu. Kritisieren dagegen die Patienten selbst, müssen sie mit Folgen seitens der Kritisierten rechnen. Wolfgang *Pittrich*, mit der Anzeigendrohung schnell bei der Hand, kritisierte seine

Klinik bereits 1975 in der Publikation »Kennen Sie ihre Psychiatrische Klinik?«: »Die Behandlung kam bei uns in vielen Fällen über eine Notversorgung nicht hinaus. Mit Angehörigen konnte kaum gesprochen werden. Die meiste Zeit waren die Stationsärzte damit beschäftigt, mit den psychiatrischen Landeskrankenhäusern des Landeswohlfahrtsverbandes zu telefonieren, um einen Platz für die notuntergebrachten Patienten zu erhalten.«

Die Patientenzeitung des *Psychiatrischen Landeskrankenhauses Köppern* (Taunus), *Wald-Echo*, hat sich 1976 in einer Ausgabe (Nr. 9) Gedanken über »Kritik und Zensur« gemacht. Eine Patientenzeitung solle informieren, berichten, Einblick geben, darstellen, anregen, untersuchen und kritisieren: »Aber gerade bei der Kritik wird es kritisch.«

Man sei »abhängig vom Wohlwollen, sprich von der Zensur, der Krankenhausleitung«. Sarkastisch formuliert die Patientenzeitung: »Wo bliebe auch die Seriosität einer sozialen Einrichtung, wenn man gerade in einem psychiatrischen Krankenhaus die Narrenfreiheit ernst nehmen wollte«. Der Patient habe »das Recht, sich über das Essen zu beschweren, über unzumutbare Belästigung, über Tisch, Bett und Arbeitsplatz, vielleicht sogar über Rahmenrichtlinien nachzudenken. Er darf sich in einem Boot mit dem Pflegepersonal sitzend fühlen und das Vorrecht fürsorgender Zuwendung verlangen und genießen. Alles was darüber hinausgeht, liegt nicht im Bereich seiner Zuständigkeit. Schlimmer noch: Die Kritik eines psychisch Kranken verliert ihre Glaubwürdigkeit dadurch, daß man seine Subjektivität zum Symptom seiner Krankheit macht.«

Eine ehemalige Patientin schrieb in eben dieser Patientenzeitung, wie der Mensch mit seinem Patientenstatus zum psychiatrischen Unwesen degradiert wird: »Ich habe eine Psychose, eine jugendliche Psychose, eine Dementia praecox, eine atypische Mischpsychose, eine Hebephrenie, eine jugendliche Zyclothymie ... ich bin manisch, habe Größenwahn, halluziniere, bin hemmungslos, unberechenbar, antriebsgehemmt, klebrig, schlampig, oberfaul, in jeder Richtung beeinflußbar, kritiklos, schlage Mitpatienten ... O Gott, das habe ich mir nicht aus den Fingern gesogen, es steht in Pflegeberichten von mir, meine Ärzte, meine Schwestern, meine Bezugspersonen ... Wie soll ich da etwas von mir halten?«

Die Psychiatrie-Enquete (S. 1124) zitiert die einem »hohen methodischen Anspruch genügende Untersuchung« von Dr. *W. Stumme*, Mitglied der Enquete-Sachverständigen-Kommis-

sion. Dieser geht so weit, zu sagen, daß »in bestimmten Situationen ... die Vorurteile der Laien zu psychisch Kranken fast bedeutungslos gegenüber diskriminierendem Verhalten von seiten der psychiatrischen Experten« sind.
Das entscheidende im Frankfurter Psychiatriestreit ist sicher dies, daß hier erstmals Patienten aus dem Objektdasein herausgetreten sind, Subjekte wurden. Sie handelten selbst. Dies hat *Irene Steiner* in ihren »Überlegungen zum ›Frankfurter Lehrstück‹« in den *Blättern für Wohlfahrtspflege* (Nr. 4/1977) deutlich herausgearbeitet:

»Überraschend an diesen Vorgängen sind nicht so sehr die Vorwürfe der Patienten zum Anstaltsalltag. Wer mit der Praxis psychiatrischer Institutionen zu tun hat, kennt diese Misere. Neu ist auch nicht, daß zum Problem der soziotherapeutischen Versorgung in Kliniken kritische Berichte veröffentlicht werden.
Im Frankfurter Fall, in dem sich eine breite Öffentlichkeit hinter die Patienten gestellt hat, handelt es sich um einen strukturellen Konflikt. Diese Tatsache war es wohl, die zum Eklat führte. Tatsächlich gibt es am Frankfurter Lehrstück einige unübliche Vorgänge.
... Entscheidend anders als in herkömmlichen Berichterstattungen ist jedoch, daß und in welchem Ausmaß die Betroffenen sich selber darstellen. Sie sind nicht die Befragten, die herumgereicht werden wie exotische Tiere, sondern die unbequemen Frager, die sich nicht mehr fraglos durch »Experten« vertreten lassen.
In diesem einfachen Vorgang steckt Sprengstoff. Von den Betroffenen selber wird hier nämlich eine der aus therapeutischer Sicht wichtigsten Voraussetzungen für den Heilungsprozeß verlangt, daß sich nämlich der Klient zum Subjekt seiner Schwierigkeit macht. In einer Gesellschaft, in welcher psychische Schwierigkeiten und schwere Beeinträchtigungen noch derart mit Vorurteilen und Entwertungsvorgängen beantwortet werden, ist dies ein Schritt zur Selbstverantwortlichkeit, der sogar mit sozialen Risiken verbunden sein kann.
Der Patient, der sich zum Subjekt seiner Behandlung macht, gestaltet damit aber auch das herkömmliche Arzt-Patient-Verhältnis um. Das traditionelle medizinische Krankheitsmodell setzt den Patienten voraus als passives Objekt bestimmter Maßnahmen, die vom Arzt auf Grund seines Expertenwissens angeordnet werden. Die sozialwissenschaftliche Literatur wie die Medizinsoziologie haben die Ausblendung der sozialen Frage, die mit dieser Auffassung einhergeht, wiederholt betont. In der herkömmlichen Psychiatrie ist diese Auffassung im allgemeinen aber noch immer vorherrschend.

Wenn sich Patienten jetzt selber artikulieren, rütteln sie natürlich an einem Eckpfeiler der klassischen Psychiatrie. Praktisch werden sie damit zu Trägern bzw. aktiven Mitstreitern in einem heftig geführten Lehrstreit. Es zeigt sich am Beispiel die erschreckend einseitige Problemorientierung, wenn solche historischen Auseinandersetzungen damit abgewertet werden, daß Betroffene die Realität verkennen würden oder daß die Forderung nach mehr Gesprächen als »Komfort« und »Konsumanspruch« abgetan wird, der nicht zu fördern sei, wie dies im Fall des Klinikleiters laut Presseberichten geschehen ist.
Im Vorgehen der Patienten werden aber auch die hierarchischen institutionellen Beziehungen zwischen Leiter und »Insassen« in Frage gestellt. Herkömmliche Kliniken sind ähnlich aufgebaut wie andere staatliche Verwaltungsapparate. Sie verwalten u.a. Gesundheit. Sie bilden in der Regel geschlossene Systeme mit starren Hierarchien. Sie haben viel Ähnlichkeit mit bürokratischen Organisationen. Man weiß heute mit Sicherheit, daß diese Organisationsform, die sich bei Beginn der industriellen Revolution entwickelt hat, nicht mehr geeignet ist, den veränderten Ansprüchen und sozialpolitischen Auffassungen der Mitarbeiter und der Klienten oder Patienten gerecht zu werden. Das sozialpolitische Programm der Reorganisation der Arbeit – umstritten unter dem Begriff »Humanisierung« – soll auch vor psychiatrischen Kliniken nicht halt machen.
Überlegt man sich die Forderungen der Patienten, so bedeuten sie nichts anderes als die Anwendung sozialpolitischer Vorstellungen von Gewerkschaften und Arbeitnehmern auf die Behandlung psychisch Kranker.
Die Brisanz des »Frankfurter Lehrstücks« liegt wohl darin, daß sich hier gerade nicht ein Fachstreit unter Experten um die Frage der wissenschaftlich adäquaten Behandlung entwickelt hat. Hier haben sich psychisch Kranke als Betroffene des Gesundheitswesens mit ihren sozialpolitischen Interessen zu Wort gemeldet. Und die Klinikleiter haben in ihren Funktionen als oberste Gesundheitsverwalter, als angegriffene Führungsspitze, aber auch als Standesmitglieder, deren Territorium in Frage gestellt wurde, ihre Macht gerechtfertigt und verteidigt.«

4. »Späte Rache«

Wie es Kritikern der Anstaltspsychiatrie ergeht

Seit 1975 besteht in Frankfurt der *Verein Sozialtherapie*, die einzige Selbsthilfegruppe psychisch Kranker in dieser Stadt. Eine Gruppe von rund 50 Leuten mietete im Frankfurter Nordend, in der Martin-Luther-Straße 35, eine Ladenwohnung und betreibt dort ein Café, das täglich von 17 bis 21 Uhr geöffnet ist. Seit 1975 wurde die Einrichtung von mehr als zweitausend Menschen in Anspruch genommen.

Die Sozialtherapie betreibt Nach- und Vorsorge bei seelisch Kranken und Gefährdeten. Das heißt: Besuche in Kliniken, Vermittlung an therapeutische Einrichtungen, Hilfe bei Behördengängen, Beratung, Unterstützung bei der Suche nach Wohnung und Arbeit, wenn Patienten aus der Klinik entlassen werden. Die Patienten können in dieser Gruppe mitentscheiden und die Arbeit mitgestalten. Das alles wäre sicher lobenswert, wenn diese Gruppe nicht zugleich die bestehende Psychiatrie kritisierte und im Frankfurter Psychiatrieskandal aktiv Stellung bezogen hätte.

Professor *Wolfgang Pittrich* sann auf Abhilfe. Er verfaßte eine »kleine Dokumentation« über das schändliche Treiben der Kritiker. Diese Dokumentation ging an die Fachgruppe »Psychisch Behinderte« in der Arbeitsgemeinschaft Gefährdeten- und Behindertenhilfe der Stadt Frankfurt. Doch die Fachgruppe wollte in ihrer Mehrheit die Sozialtherapie nicht rausschmeißen. *Pittrich* blitzte mit seinem Vorhaben ab.

Nun bekommt die Sozialtherapie für ihre Arbeit einen Zuschuß der Stadt über 25 000 DM. Ohne diesen geringen Zuschuß kann sie kaum überleben. Das war ein Ansatz: Die *Christlich-Demokratische Union (CDU)*, die im Frankfurter Stadtparlament die Mehrheit hat, strich Ende Juni 1977 rückwirkend den Zuschuß. Ihr Vertreter, *Oskar Pfreundschuh*, meinte: »Wer die Weiterförderung dieses Vereins beantragt, kommt mir vor wie jemand, der eine hochmoderne Feuerwehr hat (damit ist die Uni-Nervenklinik gemeint!) und einen Brandstifter zum Löschen bestellt.« (*FAZ* vom 30. 6. 77)

Die Sozialdemokraten beantragten die Erhöhung des Zuschusses auf 40000 DM. Besonders geschickt gingen die Freien Demokraten vor, deren psychiatrischer Berater *Pittrich* ist: Sie beantragte zunächst ebenfalls die Erhöhung auf 40000 Mark, aber nur unter der Bedingung, daß die Arbeit »durch eine wissenschaftliche Begleitung überwacht(!) wird«. Die Wissenschaft zur Überwachung! Überwachen sollte die Nervenklinik selbst.

Die *FDP* begründet ihr Vorgehen so: »Die Arbeit des Vereins Sozialtherapie basiert auf der an sich überholten Gemeindepsychiatrie, die versucht, gesellschaftsbedingte Gemüts- und Nervenkrankheiten außerklinisch zu heilen. Sie hat sich jedoch in der Praxis mehr und mehr zur Antipsychiatrie entwickelt, d. h. auch bei nicht gesellschaftlich bedingten Erkrankungen werden Vorurteile gegen klinische Versorgung und deren Behandlungs- und Heilungsmethoden geweckt und gesteigert. Die Folgen davon sind erschwerte Heilungsaussichten zum Schaden der Patienten, und die Vermeidung von Zwangseinweisungen wird dadurch unmöglich gemacht.« Deshalb soll der Verein nur gefördert werden, wenn er sich durch eine Arbeitsgruppe aus je einem Vertreter der Uni-Nervenklinik, der Fachstelle für Psychiatrie (Stadtgesundheitsamt) und der niedergelassenen Nervenärzte überwachen läßt. Die *FDP* stimmte dann bei den Haushaltsberatungen mit der *CDU*, daß die Gelder rückwirkend zu streichen sind.

Zwar haben mehrere Vertreter anderer Frankfurter Einrichtungen für die Sozialtherapie Partei ergriffen, doch umsonst. *Erwin Schöppner*, stellvertretender Fraktionsvorsitzender der *SPD* und früher Vorsitzender des Sozialausschusses, klagte an, daß die *CDU* eine Einrichtung vernichte, »ohne vorher die Betroffenen und ihre Arbeit kennengelernt zu haben«. Es handele sich »um einen verspäteten Racheakt der Psychiatrie-Professoren *Bochnik* und *Pittrich*«. Begründung: »Weil die Sozialtherapie den Machtmißbrauch in der Psychiatrie aufdeckte und die unerträgliche Vorherrschaft bestimmter Ärzte kritisierte, deshalb soll sie jetzt als antipsychiatrische Gruppierung ins Abseits gedrängt und mundtot gemacht werden.«

Auch Bürgermeister und Sozialdezernent *Martin Berg (SPD)* befand die rückwirkende Streichung der Zuschüsse für eine Maßnahme, »die wir in dieser Härte noch nie durchgeführt haben«. Wer in Frankfurt Psychiatrieprofessoren kritisiert, muß sich mit dem schlimmsten vertraut machen. Die Patienten hatten behauptet, für ihre Kritik bestraft worden zu sein. Die Klinik hatte abgestritten, daß es auf Grund der Kritik zu Repressalien gekommen sei. Nun hat im Juni 1977 *Pittrich* selbst die Kritik der Sozialtherapie als Begründung zu harten Maßnahmen genannt. Wer sich nicht überwachen lassen will, wer den Kritikermund nicht hält, wird mundtot gemacht.

III. Das Elend der Psychiatrie in Zahlen

Daten der Psychiatrie-Enquete

Bis zu 2000 Wissenschaftler und Praktiker aus dem In- und Ausland arbeiteten vier Jahre lang an einem *Bericht über die psychiatrische Versorgung in der Bundesrepublik.* 1975 wurde dieser Bericht, kurz *Psychiatrie-Enquete* genannt, vom Bundesgesundheitsministerium der Öffentlichkeit übergeben (wie man so sagt). Das Ergebnis ist ein Monster: Alles in allem 1800 DIN-A4-Seiten mit über 3 Kilo Gewicht und ohne Stichwortverzeichnis. Das Elend der Psychiatrie ist beschrieben, erfaßt, in Tabellen aufgelistet, großenteils für den Laien unverständlich geschrieben und durch die Unübersichtlichkeit unbrauchbar gemacht. Immerhin, im Zwischenbericht der Sachverständigenkommission aus dem Jahre 1973 steht klar und deutlich: »Die Lage der psychisch Kranken ist teilweise noch menschenunwürdig und unmenschlich.«

Der Psychiater *Asmus Finzen* kommentiert die Enquete: »Die Enquete hat uns in ihrer Bestandsaufnahme unsere Situation dargestellt, wie wir sie schon lange kennen.«[1] Sieht er für die Gegenwart schon nichts Neues, so gilt gleiches für die Zukunft: »Die Enquete formuliert Grundsätze zur Neuordnung der psychiatrischen Versorgung, die über Jahrzehnte(!) nicht verwirklicht werden können.«[2] So bleibt die Zukunft wie die Gegenwart, und die Gegenwart bleibt, wie die Vergangenheit schon war.

Der Freiburger Psychiatrieprofessor *Rudolf Degkwitz* sieht in der Enquete den »Versuch einer perfekten technokratischen Lösung«, es bleibe die beklemmende Frage, »wie die psychisch Kranken und deren Betreuer in einer so perfekten Maschinerie werden existieren können.«[3]

Die Reformvorschläge der Enquete bleiben in den Betten stekken. Das kann nicht überraschen: Reformen in der Psychiatrie werden hierzulande weitgehend von Krankenhausärzten bestimmt. Deutsche Psychiater denken in Bettengrößen. Sie reden von offenen Betten, halboffenen Betten. Durchgangszahlen zählen in Betteneinheiten. Man tut so, als sei eine gute Psychiatrie nur in neuen Anstalten zu verwirklichen. Und so planen sie immer neue und schönere Betten, ohne die Psychiatrie selbst zu

verändern. Da gibt es markige Worte wie auf dem 80. Deutschen Ärztetag 1977: »Die stinkende Leiche der Anstaltspsychiatrie muß endlich aus dem Schauhaus heraus.«[4] Doch gemeint ist weiterhin die Bettenpsychiatrie der Großkrankenhäuser.
In der Bundesrepublik zählt die *Psychiatrie-Enquete* 130 Fachkrankenhäuser mit nicht ganz 100000 Betten. Ein Bundesbürger, der körperlich erkrankt, sucht ein Allgemeinkrankenhaus ganz in der Nähe auf. Erkrankt er aber, daß er in stationäre psychiatrische Behandlung muß, beträgt die durchschnittliche Entfernung zwischen psychiatrischer Einrichtung und dem Rand der Einzugsgebiete 88 Kilometer.
1972 wurden 158000 Patienten aufgenommen und 144000 entlassen. 14300 starben. 84300 Patienten wurden zum erstenmal aufgenommen. Sie kamen zu zwei Dritteln in Mammutkästen mit über 1000 Betten.
31,3 Prozent der Gebäude wurden noch vor 1900 gebaut, weitere 31,1 Prozent zwischen 1900 und 1925. Je älter die Gebäude sind, desto mehr Patienten beherbergen sie. Denn früher baute man die Anstalten nicht zum Heilen, sondern um »Ballastexistenzen« zu verwahren.
Je massiger die Anstalten, desto mehr Patienten werden in einem Zimmer massiert. Rein statistisch leben 4,6 Patienten in einem Schlafraum. In 38 Prozent aller Schlaf-(und Wohn-)Räume stehen vier bis zehn Betten. In weiteren 8 Prozent aller Zimmer stehen mehr als elf Betten. Säle mit mehr als 20 Betten sind immer noch nicht beseitigt. In den Allgemeinkrankenhäusern liegen im Durchschnitt zwei oder drei Patienten in einem Raum.
Über die Hälfte aller Betten befinden sich in geschlossenen Stationen. Das sind Stationen, wo der Patient hinter verschlossenen Türen lebt, wo er nicht einmal alleine ein Fenster öffnen kann, weil Pfleger und Schwestern die Schlüsselgewalt haben. Nur 17,6 Prozent der Betten findet man in halboffenen und 28,4 Prozent in offenen Abteilungen. Je kleiner ein psychiatrisches Fachkrankenhaus ist, desto mehr offene Stationen gibt es. Krankenhäuser mit bis zu 100 Betten haben zu 60,2 Prozent offene Stationen, in den Mammutkästen mit mehr als 1000 Betten sind es nur 25 Prozent. Am 5. März 1970 klagte der Abgeordnete *Picard (CDU)* vor dem *Deutschen Bundestag*, »daß wir in der Bundesrepublik hin und wieder unter dem Vorwand, daß Rechtsbrecher sich in psychiatrischen Einrichtungen befinden, viel mehr geschlossene Anstalten haben als in anderen Ländern. Etwa 25 bis 75 Prozent psychisch Kranker befinden sich in der

Bundesrepublik in geschlossenen Abteilungen, in Großbritannien sind es weniger als 3 Prozent. Meine Damen und Herren, dort kommen auch nicht mehr Menschen durch psychisch Kranke ums Leben.«[5]

Ist ein Patient in ein psychiatrisches Krankenhaus eingewiesen, läuft er Gefahr, dort auf Dauer zu verschwinden. Jeder fünfte wird binnen dreier Monate wieder entlassen. Binnen eines Jahres werden weitere 12 Prozent entlassen. Doch 67 Prozent bleiben länger als ein Jahr, 31 Prozent leben sogar länger als ein Jahrzehnt schon in der Anstalt. Man nennt dies »Verweildauer«. Wer aber lange in der Psychiatrie »verweilen« muß, hat in der Regel zusätzlich zu seiner Krankheit den Hospitalschaden erworben, ist hospitalisiert, wie es heißt. Das bedeutet, der Patient ist nicht therapiert, sondern lebensuntüchtig geworden, passiv, resigniert, als unheilbar abgestempelt. Der Psychiatrieschaden durch unmenschliche Lebensbedingungen wird zum Hauptschaden. Die Dauer-Psychiatrie schädigt mehr als die Krankheit, die dort geheilt werden sollte.

Auch die *Psychiatrie-Enquete* spricht teilweise die Sprache des Unmenschen: »Der Krankenbestand (Hervorhebung v. Verf.) gliedert sich in folgende Diagnosen«: Psychische Störungen des höheren Lebensalters und andere organische psychiatrische Erkrankungen 13 Prozent, schizophrener Formenkreis 36,7 Prozent, Psychosen 8,2 Prozent, neurotische Leiden, Persönlichkeitsstörungen und psychosomatische Störungen 4 Prozent, Suchtkrankheiten 9,6 Prozent, Anfallsleiden 6 Prozent, Schwachsinnsformen (geistige Behinderungen) 18,5 und körperlich Kranke ohne psychische Störungen 4 Prozent.

In diesen Prozentzahlen steckt das abertausendfache Elend allein der Fehleingewiesenen, derer, die überhaupt nicht in die Psychiatrie gehören. Allein die Hälfte der über 65jährigen ist in der Psychiatrie falsch untergebracht. Sie sind einfach in die Psychiatrie abgeschoben worden. Ebenso fehluntergebracht sind die 17 000 geistig Behinderten, die rein körperlich Kranken und die nicht-krankenhausbedürftigen chronisch Kranken, die Jahrzehnte hinter Anstaltsmauern und geschlossenen Türen eingesperrt bleiben.

Man geht heute davon aus, daß jeder dritte psychisch gestört ist. Jährlich gehen 600 000 Menschen erstmals in psychiatrische Behandlung. Dabei entfallen 30,2 Prozent auf Neurosen und Persönlichkeitsstörungen (205 000), gefolgt von 17 Prozent Schizophrenien, manisch-depressiven Erkrankungen und anderen Psychosen (120 000). Dahinter folgen mit 13,8 Prozent

Abbauprozesse im Alter (95000) und geistige Behinderungen mit 13,2 Prozent (90000).
Wer eine psychische Krise erlebt, ist bei der Bewältigung meist alleingelassen. Eine mehr als notdürftige Versorgung gibt es lediglich in den Städten, den Großstädten genauer gesagt. Auf dem Land findet eine psychiatrisch/psychologische Versorgung meist gar nicht statt.
Etwa 70 Prozent der Bevölkerung gehen binnen eines Jahres zum praktischen Arzt. Zwischen 10 und 20 Prozent von ihnen haben psychische Krankheiten, psychisch bedingte körperliche Beschwerden oder erleiden eine psychische Krise. Von 1000 Einwohnern gehen wegen seelischer Krankheiten oder Krisen 140 zum Hausarzt, 10 zum psychiatrischen Facharzt und 2,5 in ein psychiatrisches Krankenhaus. Das sind, statistisch hochgerechnet, zwischen 4 und 8 Millionen Hilfsbedürftiger, die großenteils nicht zu einem fachlich ausgebildeten Arzt finden.
Die *Psychiatrie-Enquete* geht von 903 Nervenärzten aus, von denen bekannt ist, an welchem Ort sie ihre Praxis betreiben (in dieser Zahl fehlen beispielsweise Nervenärzte, die ausschließlich Privatpatienten behandeln). 60 Prozent dieser Nervenärzte praktizieren in Städten mit mehr als 100000 Einwohnern (in diesen Großstädten wohnt aber nur ein Drittel der Gesamtbevölkerung). In 140 Kreisen und kreisfreien Städten (36 Prozent) gibt es überhaupt keinen niedergelassenen Nervenarzt, eine Katastrophe für seelisch Leidende.
Bei der öffentlichen Informationssitzung des Ausschusses für Jugend, Familie und Gesundheit am 23.4.1971 im *Landeskrankenhaus Emmendingen* fielen harte Worte über die Nervenärzte. Frau *Schmidt-Gante*, Leiterin einer Übergangseinrichtung in Frankfurt: »Frei praktizierende Nervenärzte erleben wir fast ausschließlich – und ich meine es hier polemisch – als Krankenscheinsammler. Geht es um einen Krankenschein, hört bei ihnen jedes therapeutische Verständnis auf. Das Gesetz ist gegen jede therapeutische und praktische Vernunft auf ihrer Seite. Für uns in einer Übergangseinrichtung sind frei praktizierende Nervenärzte, wenn es um ambulante Nachbetreuung der Patienten geht, Alptraumfiguren, die trotz kollegialen Grußes bedrohend wirken und sind.«[6]
Die Nervenärzte selbst sahen sich bis dahin meist in Konkurrenz zu den Polikliniken und zur ambulanten Beratung der Fachkrankenhäuser. Nun weiß man aber inzwischen, daß sich die Patienten der Nervenärzte nicht mit den Patienten der psychiatrischen Krankenhäuser decken. Auch nach der Entlassung aus dem

Krankenhaus suchen die Patienten der Betten-Psychiatrie die Nervenärzte selten auf. Die Nervenärzte versorgen weitgehend neurologisch gestörte Patienten und Patienten mit den sogenannten kleinen psychiatrischen Störungen (neurotische, psychosomatische, psychovegetative Störungen, Sucht, milde Psychosen).[7] Nicht die minderprivilegierten schwerstgestörten Patienten gehen zum Nervenarzt, sondern immer mehr »Mittelstandsneurotiker«.[8]

Auch die behördlich eingesetzte Beratung durch die Gesundheitsämter funktioniert nicht. Bürokratisierung hemmt die Arbeit. Zehn Gesundheitsämter bieten überhaupt keine Beratung an, davon sieben in Niedersachsen. Und wie sollten auch psychisch Hilfebedürftige von ihren Gesundheitsämtern Hilfe erwarten, wo diese die Zwangseinweisungen vornehmen. Ähnlich steht es im übrigen um die Einrichtungen der Jugend- und Sozialhilfe. Einmal sollen diese Stellen beraten und helfen, zum anderen üben sie die Kontrolle über sozial Abweichende aus. Kontrolle und Strafe einerseits und Hilfe andererseits schließen einander aus.

Die ärztliche Versorgung ist besorgniserregend, sagt die *Psychiatrie-Enquete.* Nur ein Viertel der psychiatrischen Krankenhäuser haben ausreichend viele Ärzte. 1651 Ärzte arbeiten in den Einrichtungen und versorgen im Durchschnitt 60 Betten. Man spricht bezeichnenderweise von Betten und nicht von Patienten!

Nur 861, etwas mehr als die Hälfte, sind Fachärzte für Psychiatrie oder Psychiatrie/Neurologie. 60 Prozent der Ärzte sind bereits über 50 Jahre alt. Die Überalterung wird die Versorgungskatastrophe noch verstärken. Je größer eine Einrichtung ist, desto schlechter ist die ärztliche Betreuung. In einer Klinik bis zu 100 Betten kommt ein Arzt auf 27,2 Betten. In Krankenhäusern bis 500 Betten versorgt der Arzt 41,1 Betten und in Anstaltsmonstern mit über 1000 Betten sind es 66,1 Betten (Man spricht von einer »Arzt-Betten-Relation« oder der »Anzahl der Betten je Arzt«).

Noch schlimmer ist das Mißverhältnis bei den Psychologen. In der Psychiatrie arbeiten 195 Psychologen. »Ein Psychologe ist somit für 506 Betten zuständig.«

Die Mehrheit des Pflegepersonals (23300 Kräfte) wird von Frauen gestellt. Nicht einmal die Hälfte hat eine Ausbildung, genau 42,2 Prozent können eine staatlich anerkannte Ausbildung vorweisen, und nur 6 Prozent haben darüber hinaus eine psychiatrische oder sozialpsychiatrische Zusatzausbildung.

Sozialarbeiter scheinen als überflüssig angesehen zu werden: Es gibt nur 183. Das heißt: Ein Sozialarbeiter versorgt 504 Patienten mit ganz individuellen Bedürfnissen und Sorgen. Außenfürsorge, beispielsweise Kontakte mit Angehörigen, Arbeitsplatz- oder Wohnungsbeschaffung, wird zwar von der Hälfte der Einrichtungen als Tätigkeitsfeld der Sozialarbeiter genannt, aber wie soll diese bei diesen Verhältnissen stattfinden?
Die 542 Beschäftigungs- und Arbeitstherapeuten haben nur zu 26,4 Prozent eine abgeschlossene beschäftigungtherapeutische Ausbildung. Nimmt man nur die Zahl der ausgebildeten »Therapeuten«, dann arbeitet ein Beschäftigungstherapeut mit 1695,5 Patienten (Enquete: »Betten«).
66 Fachkrankenhäusern ist ein festgelegter Aufnahmebezirk zur Versorgung psychisch Kranker vorgeschrieben. Im Durchschnitt ist eine Einrichtung für 937000 Einwohner zuständig. Dabei müssen in Hamburg 1766000 Einwohner versorgt werden, während es in Hessen »nur« 503000 Einwohner sind.
Um die Zahl stationärer Aufnahmen mit der Gefahr der Dauerhospitalisierung zu verhindern, entstanden in den letzten Jahren Tageskliniken. Die Patienten bleiben tagsüber in der Klinik und gehen abends nach Hause. Die Krankenkassen übernehmen meistens die Kosten, zahlen aber nur die Hälfte des üblichen Tagessatzes.
Ungünstiger sieht es bei den Nachtkliniken aus. Diese Behandlungsform widerspricht der in der Reichsversicherungsordnung festgelegten traditionellen Trennung von ambulanter und stationärer Behandlung. Das deutsche Sozialversicherungsrecht begreift nicht, daß ein Mensch (im Sinne der gesetzlichen Krankenversicherung) arbeitsfähig sein kann und dennoch des Schutzes einer Nachtklinik bedarf. Der Kranke muß erst richtig ruiniert sein, richtig in der Psychiatrie landen, ehe die Kassen zahlen. Daß sie dann monatelang zahlen, paßt dann wieder in das Konzept des Sozialversicherungsrechts. Lediglich in Hamburg zahlen die Kassen den vollen Kostensatz. In verschiedenen Bundesländern springt die Sozialhilfe ein.
Entscheidende Bedeutung kommt einer guten und kontinuierlichen Weiter- und Nachbehandlung zu. Aber nur 15 Prozent der Entlassenen suchen nach der Klinik einen Nervenarzt auf. Ein Drittel dieser 15 Prozent geht nur einmal im Vierteljahr zum Nervenarzt. Diese Zahlen, die sich auf eine Untersuchung in einem ländlich-kleinstädtischen Gebiet Oberbayerns beziehen, können mit Abstrichen als durchaus repräsentativ gelten.
Für Kinder und Jugendliche sieht es besonders trist aus. Es gibt

nur 17 kinder- und jugendpsychiatrische stationäre Einrichtungen mit 3 700 Betten. Die Enquete zählt nur 286 Psychagogen (Kinder- und Jugendtherapeuten) und statt der notwendigen 1 700 Fachärzte für Kinder- und Jugendpsychiatrie nur 185, von denen nur 28 eine Praxis eröffnet haben.
Etwa 25–30 Prozent der über 65jährigen leiden an psychischen Störungen im weitesten Sinne. Nur ein Prozent brauchte klinische Behandlung. Daß die Hälfte der in der Psychiatrie Untergebrachten dort am falschen Ort ist, wurde bereits gesagt. Ein Viertel der in Altersheimen Untergebrachten gehörte dagegen nach der Enquete in die Psychiatrie. Es fehlen gerontopsychiatrische Kliniken, ambulante Dienste, Tagesstätten. Für 14 Prozent wäre eine ambulante Diagnostik und Therapie notwendig, die es in der Praxis kaum gibt. In allen ambulanten Einrichtungen stellen die über 65jährigen nur 2,5 Prozent der Patienten. Die alten Menschen werden nicht ambulant behandelt, sondern als unheilbar abgeschoben, da selbst die Ärzte noch von der Unheilbarkeit psychischer Altersleiden ausgehen.
31 Fachkliniken mit 3000 Betten und 46 Suchtstationen an psychiatrischen Krankenhäusern mit 3 200 Plätzen können die therapiebedürftigen Suchtkranken nicht versorgen. Internistische Abteilungen, das ist eine Fehlbelegung, führen lediglich den körperlichen Entzug durch. Sie beseitigen aber nicht die psychische Abhängigkeit und fördern somit den Abstieg des Patienten, weil Rückfälle unvermeidlich folgen. Halbstationäre Dienste und Übergangseinrichtungen, die zur Stabilisierung nach der klinischen Behandlung notwendig sind, fehlen fast ganz.
Dabei ist der Alkohol- und Drogenmißbrauch verheerend gestiegen. Alkoholkranke und Drogenabhängige stellen vielfach schon 30 Prozent der Aufnahmen an psychiatrischen Einrichtungen. Die Zahl der Alkoholdelirien stieg seit 1950 um 700 Prozent. Besonders gefährdet sind Jugendliche, selbst Kinder, und Frauen. Die Zahl der Alkoholkranken wird mit 1,8 Millionen, die Zahl der Drogenabhängigen mit 40 000 angegeben.
Die *Psychiatrie-Enquete* belegt statistisch: Wer psychisch krank wird oder eine seelische Krise nicht alleine bewältigen kann, erfährt kaum Hilfe. Vor allem vor oder nach einem Psychiatrieaufenthalt steht er fast alleine da. Nur das System der Zwangsunterbringung, der zwangsweisen Internierung unter menschenunwürdigen Bedingungen klappt. Einsperren erscheint leichter als helfen.
Die *Psychiatrie-Enquete* faßt diese Ergebnisse zusammen, indem sie die »Beseitigung der ›brutalen Realität‹« fordert:

»Unabhängig von jeder modernen Psychiatrieplanung und -konzeption müssen auf dem Wege von Sofortmaßnahmen die zum großen Teil menschenunwürdigen Verhältnisse in den bestehenden psychiatrischen Krankenhäusern (s. Zwischenbericht) beseitigt werden. Es muß unbedingt vermieden werden, daß mit dem Hinweis auf angelaufene Planungen und Umstrukturierungen größeren Stils diese untragbaren Zustände weiter bestehenbleiben.
Die z. T. katastrophalen sanitären Verhältnisse müssen unverzüglich beseitigt werden. Unzumutbar große Schlafsäle müssen improvisiert verkleinert werden. Unnötige und z. T. unsinnige Restriktionsmaßnahmen sind sofort zu unterbinden (Stationen können überwiegend geöffnet sein, routinemäßiges Fixieren von Patienten und disziplinarische Absonderungen sind zu verbieten, den Patienten sollte weitestgehende Verfügbarkeit über Geld und persönliche Gegenstände ermöglicht werden, routinemäßige Postkontrolle ist zu unterlassen). Die Stationen müssen wenigstens eine ausreichend wohnliche Möblierung aufweisen (eigenen, abschließbaren Schrank, eigenen Nachttisch, Nachttischlampe für jeden Patienten etc.). Wirtschaftlichkeit und organisatorische Vereinfachung darf nicht zu Lasten der Patienten gehen (Einheitskleidung, zu frühes Wecken, zu frühes Ins-Bett-Gehen, zu frühe Mahlzeiten, nur ein Teller zum Essen usw.).
Das z. T. deprimierend triste Erscheinungsbild der Stationen kann mit unbedeutendem materiellen Aufwand freundlich gestaltet werden (Licht, Farbe, Bilder, Blumen). Zur Vermeidung von Gettoverhaltensweisen und zur Schaffung eines natürlichen Milieus sollten die Stationen gemischt werden. Die Befriedigung elementarer menschlicher Grundbedürfnisse muß zur Selbstverständlichkeit werden.
Es ist selbstverständlich, daß die Stationen von Schwestern und Pflegern gemeinsam betreut werden. Im Unterricht des Pflegepersonals ist auf die Probleme der Beseitigung der sogenannten brutalen Realität besonderes Gewicht zu legen.«

Literatur

1 *Asmus Finzen*, ›Was sagt die Enquete zum Psychiatrischen Krankenhaus?‹ (Vortrag auf einer Tagung der Aktion psychisch Kranke am 1. 12. 1976 in Andernach, vervielfältigtes Manuskript) S. 4.
2 Ebenda.
3 *Rudolf Degkwitz*, in: Spektrum der Psychiatrie und Nervenheilkunde, Nr. 1/1976, zit. nach: *Sozialpsychiatrische Informationen*, Nr. 35/36 1976, S. 52.
4 *Kurt Heinrich*, zit. nach: *Deutsches Ärzteblatt*, Heft 21/1977, S. 1417.
5 *Sozialpsychiatrische Informationen*, Nr. 10/11 1972, S. 24.
6 Ebenda, S. 140.
7 *M. Bauer, G. Bosch, G. Hofer, H.-W. Janz, K. P. Kisker, H. Krüger, P. Petersen, M. Pflanz, M. Richartz, H.-K. Rose* ›Psychiatrie. Eine Einführung. Vorbereitungstexte zur klinischen und Sozialpsychiatrie, psychiatrischen Epidemiologie, Psychosomatik, Psychotherapie und Gruppenarbeit‹, Stuttgart 1973, S. 32.
8 Ebenda, S. 33.

IV. Das gestörte Verhältnis der Psychiatrie zu ihren Patienten

1. Ohne Unterschrift keine Hilfe

Ein ehemaliger Patient schildert einen Selbstmord in der Nachbarschaft

Am Sonnabend, dem 13. November, gegen 21 Uhr, lief eine Frau zur Gemeinde »Maria Hilf«, bat dort den Pfarrer, er möge ihr helfen, sie hätte eine Überdosis Tabletten geschluckt und wolle sich den Magen auspumpen lassen. Unser Pfarrer bestellte sofort eine Taxe und fuhr mit ihr vier Kliniken ab. Keine der Kliniken nahm sich der Frau an. Zuletzt landeten sie in einer Klinik, wo die Hilfe von einer Unterschrift abhängig gemacht wurde. Die Unterschrift lehnte die Frau ab. Warum? Das werde ich noch schildern.

Daraufhin gab man ihr ein salzlösendes Mittel mit dem Rat, es zu Hause aufzulösen und einzunehmen, damit ein Erbrechen herbeigeführt werde. Dann wäre alles gut, denn es seien nur harmlose Tabletten, die sie eingenommen hätte.

Meine Frage: Wo war der Psychologe und Arzt? Warum hat man nicht erst Hilfe geleistet und dann diese armselige Unterschrift gefordert...?

Am Sonntag gegen 20 Uhr 15 wurde diese kleine zierliche Frau in ihrer Küche tot aufgefunden.

Funkstreife, Notarzt, eine weitere Funkstreife, dann Kripo und zum Schluß der Leichenwagen.

Alle wollten ohne die Unterschrift der Toten helfen. Sie kamen zu spät, ungefähr zwölf Stunden.

Die Nachbarn sowie die Anwohner dieser kleinen Straße liefen zusammen, ah, die Verrückte, nein Geisteskranke, die war sowieso eine Gefahr für sich und die anderen, ähnliche Redensarten waren zu hören. Ich zog mich zurück, denn ich war nicht in der Lage, Rede und Antwort zu geben.

Ich weiß nur eines: Sie wird mir morgen nicht mehr begegnen, wenn ich zur Straßenbahn gehe. Auch keinen freundlichen Gruß wird es mehr geben.

Sie war 48 Jahre alt. Sie war nicht, wie ihre Umwelt behauptet, geisteskrank. Sie war einzig und allein seelisch krank, wurde einfach mit dem Leben nicht fertig. Sie war im November 1975 vier bis fünf Monate in einer geschlossenen Abteilung. Sie hatte eine panische Angst, wieder in die Klinik, geschlossene Abtei-

lung, zu kommen. (Alle die in ihrer Sendung erwähnten Dinge unangenehmer Art hatte sie mir vor Monaten mal geschildert. Keine Möglichkeit, mit einem Psychologen oder Arzt ein ausführliches Gespräch zu führen.)
Einige Wochen nach ihrer Entlassung aus dieser Klinik versuchte sie wieder ihrer Arbeit nachzugehen, aber immer mit dem Gedanken, ob sie ihrem Aufgabengebiet noch gewachsen sei. Nach zwei Monaten war es dann wieder so weit, daß es einfach nicht mehr ging. Kein Arzt wollte sie mehr krank schreiben, sie wurde abgeschoben wie ein alter Stuhl.
Drei Wochen vor ihrem Ende bekam sie dann von ihrem Arbeitgeber, einer Bank, ihre Kündigung ins Haus geschickt. Da drehte sie ganz durch. Trauriger Personalchef und trauriger Betriebsrat, sie stand kurz vor ihrer Aussteuerung, warum eine Kündigung. Der Arbeitgeber hatte doch keine finanziellen Belastungen seit Monaten mehr.
Für den 15. November lag wieder eine Einweisung für diese Klinik vor, weshalb diese Kündigung? Der Arbeitgeber wußte auch davon. Auch die Frage bleibt offen: Warum wurde sie am 13. November nicht in der Klinik behalten? Es muß doch bekannt gewesen sein, daß sie am 15. sowieso kommen würde.
Ich erfuhr einmal von ihren Hobbys: Es waren gute Bücher, klassische Musik, Beethoven, Chopin und Mozart gehörten zu der von ihr gern gehörten Musik. Sie machte ihren Schmuck selber (sie hatte eine Goldschmiedelehre). Sie modellierte auch gerne Tontöpfe, Engelsfiguren und Mosaikplatten, mit all diesen Dingen hat sie sich in ihrer Freizeit beschäftigt. Ich glaube nicht, daß sie jemals der Gesellschaft zur Last gefallen wäre. Es wurde auch nie bekannt, daß sie in der Nachbarschaft jemals etwas Böses getan hat.
In einem oberhessischen Städtchen soll sie am 19. November ihre letzte Ruhe gefunden haben.

2. Ein Fünfzehnjähriger im Hundezwinger

Wie eine Mutter die Behandlung ihres Sohnes sieht

Sie sind meine letzte Hoffnung in meiner großen Sorge um meinen impfgeschädigten Sohn. Mein Sohn ist seit der Pockenschutzimpfung anfallsleidend, fast neun Jahre sind vergangen, bis der Impfschaden anerkannt wurde. Den Leidensweg zu beschreiben wäre in den paar Zeilen, die einen kurzen Einblick in die Krankengeschichte geben sollen, nicht möglich. Vierzehn Jahre Sorge, Angst und Zurücksetzung sind unter keinen Umständen auf ein Papier zu bringen. Bis zur Einschulung pendelte mein Sohn von einem Krankenhaus zum anderen. Mit sieben Jahren war er sehr gut eingestellt, so daß er keine vollen Krämpfe mehr bekam. Er litt nur noch an Absencen, den unterbewußten Krämpfen. So wurde er auch mit sieben Jahren in die Volksschule eingeschult.
Drei Jahre besuchte er diese. Danach ließen seine Leistungen nach, aber nicht weil er dümmer wurde, nein! Der Volksschule war er offensichtlich zur Last, denn er bekam die Absencen ja auch, während Arbeiten geschrieben wurden. Man machte es sich einfach und ließ den Jungen für die Sonderschule testen. Ergebnis: nicht tauglich für eine Normalschule, da anfallsleidend. Seit der Umschulung veränderte er sich schlagartig. Er wurde zum Außenseiter und Einzelgänger. Die Gesellschaft ist grausam, und Kinder sind es ganz besonders.
Die Freunde zogen sich zurück, und auch etliche Eltern sprachen mit zwei Zungen. Auch waren die noch vier Geschwister in Mitleidenschaft gezogen worden. Eltern verboten den Kindern, mit Geschwistern eines Behinderten, der die Sonderschule besucht, zu spielen. Nun fingen auch die Geschwister an, den Bruder zu hassen. Ich spürte es aus jedem Wort, wenn die Kinder es auch verneinten.
Mein Sohn sah sich abgestempelt. So wuchs von Jahr zu Jahr die Aggression in ihm. Am 12. August 1976 mußte ich ihn in eine Psychiatrische Klinik einweisen lassen, um die Ursache dieser unkontrollierten Handlungen zu ergründen und heilen zu lassen.
Jetzt ist mein armer Junge schon ein halbes Jahr in der Psychiatri-

schen Klinik. Da wiederholt Aggressionen auftraten, hat man meinen Jungen in eine geschlossene Abteilung, nur mit voll geistig Behinderten, eingesperrt. Eingesperrt sage ich deshalb, weil für meinen Jungen nichts weiter als Tabletten, 15 Stück pro Tag, verabreicht werden. Ausgang haben diese Menschen ja nicht. Man nennt es Garten, ich nenne es Hundezwinger, dort darf ein 15jähriger Junge, wenn er mal frische Luft braucht, auf und ab gehen.
Ich sprach mit den Ärzten, da ja der Junge nach jeder solchen Aggression wieder vollkommen normal ist, ihn in eine andere Abteilung zu verlegen. Es sei doch unzumutbar für solch ein junges Menschenleben. Er kann unter allen Umständen noch gefördert werden. Aber wehe, man tut den Mund auf, dann heißt es gleich, dann holen Sie Ihren Jungen auf eigene Verantwortung heraus. Ich soll jetzt auch noch zusätzlich eine Erklärung unterschreiben, daß ich mit der geschlossenen Anstalt einverstanden bin. Ich fragte den Arzt, was man für meinen Jungen tut, ob er therapeutisch behandelt wird, da bekam ich zur Antwort, es seien keine Therapeuten da, und für meinen Jungen lohne es nicht.
Da ich mir die traurigen Augen meines Jungen nicht mehr ansehen kann und die dauernden Bitten: »Bitte, bitte, Mutti, hole mich aus der Klapsmühle heraus«, so werde ich jetzt aus eigener Verantwortung dieses tun, denn es ist für mich als Mutter eine Qual, den Jungen dort leiden zu sehen, zumal er nur mit Tabletten vollgepumpt wird und zur Nacht noch außerdem mit Tropfen ruhiggestellt wird. Es ist nichts weiter als ein reines Ruhigstellen und Einsperren! Soll unter solchen Verhältnissen ein Kind gesunden?
Ich benötige deshalb Ihre Hilfe, weil ich als Frau mit meinen fünf Kindern allein dastehe. Der Vater des Kindes zog es vor, den Kopf in den Sand zu stecken, weil es seiner Vaterwürde schaden könnte, ein behindertes Kind zu haben. Ich lebe seit 1974 getrennt von meinem Ehemann; auch dieses lastet besonders auf dem Kind, denn der Vater haßte ihn, seit die Impfschädigung auftrat.

3. Geschichte der Psychiatrie als Geschichte der Folter

Die Vergangenheit bleibt Gegenwart

Die Geschichte der Psychiatrie ist die Geschichte der Folter. Eine Geschichte des sadistischen Quälens und der Aussonderung und Verwahrung sozial Abweichender oder Unbrauchbarer. Nicht ganz zufällig sind bis heute psychiatrische »Heilmethoden« wie der Elektroschock Standardmethoden der Folter in der ganzen Welt.

Das Aberwitzige der psychiatrischen Quälmethoden ist, daß sie von ihren Erfindern oft aus »humanitären« Gründen erfunden wurden. So erfand *Benjamin Rush* (1746–1813), als »Vater der amerikanischen Psychiatrie« gepriesen, einen Beruhiger *(tranquilizer)*: Der Patient wurde mit Händen und Füßen an einen Stuhl gefesselt, ebenso wurde der Kopf unverrückbar in einer bestimmten Position festgehalten. Dabei sollte die Muskeltätigkeit im Körper herabgesetzt werden.[1]

Rush war auch sonst im Erfinden von Gruselapparaturen kreativ. So ließ er ein Kreiselgerät konstruieren, ein Brett, auf den man einen Patienten schnallte und dann rotieren ließ.[2] Oder er ließ Patienten sagen, daß man sie ertränken werde und tauchte sie ins Wasser.[3]

Johann Christian Reil, mit dem die deutsche Psychiatriegeschichte beginnt, schrieb 1803 in seinen *Rhapsodien über die Anwendung der psychischen Curmethode auf Geisteszerrüttungen*: »Man ziehe den Kranken mit einem Flaschenzug an ein hohes Gewölbe, auf das er wie Absolom zwischen Himmel und Erde schwebe, löse Kanonen neben ihm, nahe sich ihm unter schreckenden Anstalten mit glühenden Eisen, stürze ihn in reißende Ströme, gebe ihn scheinbar wilden Tieren preis...«[4]

Man ließ die Kranken hungern, dürsten, frieren, sich ekeln, erbrechen, brannte mit glühenden Eisen oder nahm glühenden Siegellack, peitschte sie aus und verwandte überhaupt »die niederen Grade der Tortur«.[5]

Der Professor für praktische Medizin, *Ernst Horn* (1774–1848), ließ die Geschlechtsteile schmerzhaft mit Wasser beschießen oder marterte seine Patienten durch Betropfung aus 6 Metern Höhe.[6] Und selbst der Psychiatriereformer *C. A. F. Hayner*, der mit zahlreichen Eingaben bei den Behörden gegen psychiatrische Mißstände protestierte, erfand nach der Jahrhundertwende eine neue Quälmaschine, das »Hohle Rad«, das sich heute noch bei der Haltung von Hamstern, Eichhörnchen und Ratten großer Beliebtheit erfreut.[7]

Man rollt mich auf dem Bett in den Flur. Ich möchte aufstehen, aufrecht stehen. So findet jede Begegnung notgedrungen von oben herab statt. Eine Ärztin versucht ein Gespräch. Ich kann nicht sprechen im Gegenüberliegen. Ich kann überhaupt nicht sprechen, ich weine mehr als ich sage. »Geben Sie mir meine Kleider!« Ich brauche ein paar schützende Hüllen, ein bißchen Ich. Nachdem in jedes einzelne Stück mein Name eingenäht ist, darf ich mich anziehen. (Es wird meine erste »Tat« sein, diese Namensbänder herauszutrennen. Ich empfinde sie nicht als Kennzeichen, sondern als Entpersönlichung.)

(Aus: ›In der Nervenheilanstalt. Aufzeichnungen einer Patientin‹, *Süddeutsche Zeitung*, Nr. 76/1973)

Es geht hier nicht darum, eine chronologische Geschichte der Psychiatrie zu zeichnen (das kann man bei *Klaus Dörner, Bürger und Irre** nachlesen). Es geht vielmehr darum, daß psychiatrische »Heilmethoden« immer wieder auf reine Quälmethoden hinausliefen, daß die »niederen Grade der Tortur« jene Mittel waren, den »Irren«, »Verrückten«, »Besessenen« beizukommen. Es waren stets Mittel gegen die Kranken. Die Foltertherapien (analog den Strafmethoden des Strafvollzugs der damaligen Zeit) wurden von den Psychiatern selbst erfunden, selbst praktiziert.

Die Geschichte der Psychiatrie verläuft parallel zur Geschichte des Strafvollzugs. Beide Einrichtungen dienten dem Merkantilismus dazu, die Unbrauchbaren auszusortieren in Zucht- oder Arbeitshäuser, in Narren- und Tollhäuser. Bevölkert wurden diese Anstalten von den Armen, Bettlern, Stellungslosen, den Waisen, Witwen, Alten, Kriegsinvaliden, den Krüppeln und Irren. Diese Aussonderungsfunktion, diese Selektion, hat die

* Frankfurt (Fischer Taschenbuch Bd. 6282) 1975

Psychiatrie übernommen.
In Amerika genügte es 1860, daß ein Ehemann seine Frau loswerden wollte. Dann schickte er sie in die Psychiatrie. So wurde Mrs. Packard, Pastorsfrau, in eine Heilanstalt eingesperrt, weil sie anderer Meinung war als ihr Gatte und Geistlicher Herr. Die Einweisungsbestimmungen des Staates Illinois deckten dies: »Verheiratete Frauen ... können ohne den in anderen Fällen erforderlichen Nachweis einer Geisteskrankheit auf Ansuchen des Ehemannes oder des Vormundes der Frau ... in das Hospital eingeliefert oder dort festgehalten werden.«[8]

Die zwölf- bis dreizehnjährige Gisela kommt oft zu mir, versteckt sich unter meiner Bettdecke und weint. Sie wartet auf ihre Mutter, die nicht kommt. Monika, die Sechzehnjährige, ist sehr aggressiv. Sie beschimpft die Schwestern öfters, schreit: »Laßt mich doch raus, was habe ich euch getan, ihr seid Schweine, daß ihr mich hierbehaltet.« Es gibt Schwestern, die sie dann mit breiten Lederriemen wie eine Gekreuzigte anbinden, vor unser aller Augen: »So, jetzt wirst du ruhig sein, auf dem dunklen Gang draußen wird dir dein Schreien vergehen!« Und schieben sie wirklich raus. Am Morgen, wenn Monika kommt, zuckt nur ihr Mund. Die Augen sind offen, und sie starrt ohne Worte an die Decke. (Wir schreiben uns heute noch, sie macht gerade ihre Ausbildung als Kinderschwester fertig.)

(Aus einem Brief einer ehemaligen Patientin)

Bereits 1728 hatte *Daniel Defoe* protestiert: »Deshalb erhebe ich meine Stimme gegen die abscheuliche Praxis, die heute in den sogenannten besseren Kreisen (die in Wahrheit die schlechteren sind!) im Schwange ist, nämlich die, seine Ehefrau aus einer Laune oder aus irgendeinem Mißfallen heraus ins Tollhaus zu stecken, damit man selber seinen Ausschweifungen um so sicherer und ungestörter nachgehen kann ... Sind sie bei der Einlieferung in diese verfluchten Häuser nicht wahnsinnig, so werden sie es nur allzu bald durch die barbarische Behandlung, die man ihnen dort angedeihen läßt ... Denn kann das nicht jeden um den Verstand bringen, so plötzlich eingesperrt ... ausgepeitscht, schlecht ernährt und noch übler mißhandelt zu werden?«[9]

Die Anwendung psychiatrischer Gewalt gegen die Patienten und die Internierung mißliebiger, von der Norm abweichender Personen bilden in der Geschichte der Psychiatrie zwei der Hauptthemen. Den Höhepunkt dieser Entwicklung stellt die Ermordung der Geisteskranken im Dritten Reich dar. Der Freiburger Psychiater *A.E. Hoche* schrieb dazu in seinem bereits 1920 erschienenen Werk *Zur Freigabe der Vernichtung lebensunwerten Lebens*:
»Die Anstalten, die der Idiotenpflege dienen, werden anderen Zwecken entzogen... Ein Pflegepersonal mit vielen tausend Köpfen wird für diese gänzlich unfruchtbare Aufgabe festgelegt und fördernder Arbeit entzogen; es ist eine peinliche Vorstellung, daß Generationen von Pflegern neben diesen leeren Menschenhülsen dahinaltern, von denen nicht wenige 20 Jahre und älter werden.«[10] Auch die Vernichtung der »Ballastexistenzen« (Hoche) wurde von Psychiatern betrieben. Da setzte sich *Hoches* Nachfolger *Kurt Beringer* für die Ausmerzung minderwertiger Individuen als einer Staatsaufgabe ein und verfocht die nationalsozialistischen Sterilisations- und Ehegesetze. Die kindergesegnete Ehe, schrieb er 1933 in *Der Nervenarzt*, sei wertvoller als die kinderlose. Und deshalb sei zu überlegen, »dem anderen Ehegatten die Möglichkeit zu geben, in einer anderen Ehe seine Lebenskraft zur Entfaltung und Erziehung gesunden und tüchtigen Nachwuchses für Volk und Familie einzusetzen.«[11]

Morgens früh um 4 Uhr geht es los. Mit den unflätigsten Reden werden alte, hilflose Frauen aus den Betten gezerrt: »Ihr Schweine, putzt doch euren Hintern selbst ab, wenn ihr schon ins Bett macht. Los, mach die Beine auseinander, wenn ich ein Mann wäre, würdest du es doch auch tun.«
(Aus einem Brief einer ehemaligen Patientin)

Als in Frankfurt 1967 der Euthanasie-Prozeß gegen drei Ärzte zu Ende ging, hielt das Gericht für erwiesen, daß ein Arzt an mindestens 1815, der zweite an 2250 und der dritte an 4950 Vergasungen mitgewirkt hatte. Sie hatten den Hinterbliebenen verlogene Trostbriefe geschickt, einer war überführt, eigenhändig den Gashahn betätigt zu haben. Alle drei wurden freigesprochen. Sie hätten kein Bewußtsein der Rechtswidrigkeit ihres

Tuns gehabt. So hat man schätzungsweise 100 000 Geisteskranke umgebracht, ohne daß der Staat bis heute Konsequenzen gezogen hätte, indem er die heutigen Opfer der Psychiatrie rehabilitierte.

Alles wird langsam Routine. Man hat keine Möglichkeit auszubrechen. Die Patienten haben keine Möglichkeit, etwas anderes zu tun als warten. Die Arbeit der Pfleger beschränkt sich auf: Betten machen, Medikamente richten und verteilen, Essen verteilen, die Patienten baden, aufschließen und zuschließen, hin und her gehen, sich langweilen, bei der Visite anwesend sein, bei Infusionen helfen, Patienten waschen, am Sonntag mit Patienten in die Kirche gehen, bei schönem Wetter in den Hof gehen, Rapporte führen, Kaffee trinken, essen, rauchen.
Patient M. ist sehr unruhig heute, er klettert alle zehn Minuten aus dem Bett, geht aufs Klo, schreit ein wenig, schlägt die Türe ziemlich heftig zu, aber er ist vollkommen harmlos und recht nett. Pfleger N. meint dazu, Dr. O. würde Patienten den ganzen Tag niederspritzen, bis die Unruhephase vorbei sei. Seiner Meinung nach sei das richtig. Die Patienten, die unruhig sind, würden dadurch den ganzen Tag schlafen und den Pflegern nicht lästig fallen.

(Aus: *Hans Weiss,* ›Tagebuch aus der Psychiatrie‹, zit. nach: *psychologie heute,* Nr. 5/1977)

Kein Wunder, wenn da eine Patientengruppe skeptisch schreibt: »Wenn man sich dann noch vergegenwärtigt, daß außer den vorwiegend beamteten Ärzten und 9 Universitätsprofessoren gerade die Behörden an der Euthanasie beteiligt waren, die für eine Reform unseres rückständigen Anstaltswesens zuständig sind, daß sogar die 34 Generalstaatsanwälte und die 34 Präsidenten der Oberlandesgerichte auf einer Tagung in Berlin im April 1941, an der über 100 führende Juristen teilnahmen, ›die Reichswirksamkeit des Erlasses Hitlers anerkannten‹ und ihre Hilfe bei der Unterdrückung von Strafanzeigen Angehöriger getöteter Patienten zusagten, wird man sich fragen müssen, ob eine durchgreifende Reform unserer psychiatrischen Praxis

nicht eher über die Öffentlichkeit und durch publizierte Patientenberichte denkbar sein wird, als durch die Initiativen der verantwortlichen Behörden und der bei uns herrschenden ›dogmatischen‹ Psychiatrie ...«[12]
Weder die Gesundheitsämter noch die Strafverfolgungsbehörden verfolgen bis heute Mißstände, menschenunwürdige Zustände, um die brutale Realität Psychiatrie abzustellen. Die Vergangenheit bleibt Gegenwart.

Literatur

1 *Thomas S. Szasz,* ›Die Fabrikation des Wahnsinns‹, Frankfurt (Fischer Taschenbuch Bd. 6321), 1976, S. 214.
2 Ebenda, S. 215.
3 Ebenda, S. 217.
4 Zit. nach: *Klaus Dörner,* ›Bürger und Irre. Zur Sozialgeschichte und Wissenschaftssoziologie der Psychiatrie‹, Frankfurt 1969, S. 266 (Auch als Fischer Taschenbuch, Bd. 6282).
5 Ebenda.
6 Ebenda, S. 279.
7 Ebenda, S. 286.
8 *Th. Szasz,* a.a.O., S. 47.
9 Ebenda, S. 404f.
10 Zit. nach: *Psychiatrische Gesellschaft Freiburg (Hrsg.),* ›Der Fall Rieger. Eine Dokumentation zu dem Verhältnis zwischen Kirche, Justiz, Psychiatrie‹, (vervielfältigte Ausgabe), Freiburg o.J. (1977), S. 64.
11 Ebenda, S. 66.
12 *Club 70,* ›Entwurf einer Broschüre‹ (unveröffentlichtes Manuskript) Hamburg 1971, S. 16f.

4. Wie man mit einem Entmündigten umgeht

Bericht der Ehefrau, nach 17 Jahren Pflegschaft

Als mein Mann seine Arbeitsstelle verlor, wurde ihm wegen Erwerbsunfähigkeit seine Rente genehmigt, erst zwei mal zwei Jahre und dann auf Lebenszeit. Gleichzeitig wurde eine Pflegschaft für ihn bestimmt, die ein Sozialarbeiter im Gesundheitsamt übernahm.

Mein Mann mußte zwar seine Einwilligung geben, zu der ihn die behandelnde Ärztin in der Psychiatrischen Klinik »aufforderte«. Da er damals wußte, daß er in vier Wochen entlassen werden sollte, war er »gehorsam«. Er war damals schon eingeschüchtert genug und stand außerdem unter Medikamenten. Ich wurde vor vollendete Tatsachen gestellt und mußte nun 11 Jahre lang Monat für Monat die Rente im Gesundheitsamt – mit vielen anderen – in Empfang nehmen.

Mein Mann ging aus Angst und Protest nicht hin. Es hieß, die Bundesversicherungsanstalt verlangt einen geschäftsfähigen Partner, und das könne nun mal ein »Insasse« einer Heilanstalt nicht sein. Weder mein Mann noch ich wurden über die Folgen einer Pflegschaft aufgeklärt. Auch wurde überhaupt nicht überprüft, ob mein Mann wirklich so krank sei, daß er seine »Vermögensangelegenheiten nicht selbst besorgen kann« *(BGB)*. Auch später, als der Beschluß vom Amtsgericht auf mein Drängen hin aufgehoben wurde und mein Mann viele Jahre bis heute nicht mehr in der Klinik war, wurde dieser Tatbestand nicht überprüft.

Das ist im Gesetz nicht drin, wohl aber die Möglichkeit, einen Antrag zur Aufhebung der Pflegschaft mit einem ärztlichen Gutachten zu stellen. Aber das sagte mir keiner, und ich las leider nicht das *BGB*! Auch war ich eingeschüchtert und hatte zu so viel Initiative keine Kraft.

Langsam wuchs aber meine Empörung, als ich mal einen Rentenbescheid in die Hand bekam und feststellte, daß der Pfleger mir nie die volle Rente auszahlte, sondern immer etwas auf ein gesperrtes Sparbuch zahlte. Und wir hatten so wenig Geld! Er hielt es auch nicht für nötig, es mit mir als Ehefrau, geschweige denn mit meinem Mann, zu besprechen.

Auf meinen Antrag hin bekam ich dann die Pflegschaft als Ehefrau übertragen und mußte nun jedes Jahr im Amtsgericht »Rechnung legen«, einem Rechtspfleger gegenüber. Die Rente kam auf unser eigenes Konto, und ich konnte vom gesperrten Sparbuch was abheben, mußte dafür aber Belege vorlegen. Das bedeutete für uns schon mehr Selbständigkeit.
Nun aber haben wir seit drei Jahren einen Rechtspfleger, der uns immer neue Schwierigkeiten macht. Er überprüft, ob mein Mann mir und den Kindern gegenüber noch unterhaltspflichtig ist, da ich etwas mit einem Lehrauftrag verdiene und die Kinder *BAföG* und Lehrlingsvergütung bekommen. Er errechnet einen monatlichen Betrag, der auf das (gesperrte) Sparbuch gezahlt werden soll, und erklärt, das sei für größere Anschaffungen, und mein Mann hätte mir gegenüber einen Regreß-Anspruch. Meine Pflichten als Pfleger gingen vor denen der Ehefrau und deren Rechte.
Er errechnete einen nur an den minimalsten Bedürfnissen ausgerichteten Lebensstandard für uns alle – bei drei volljährigen Kindern in Ausbildung – ein Mensch, der uns noch nie gesehen hat! Erst in dieser Situation kam ich darauf, im Gesetzbuch zu lesen, daß wir die Pflegschaft aufzuheben beantragen können, was uns hoffentlich in nächster Zeit gelingen wird. Nach 17 Jahren. So lange gibt man nach!

5. »Gewalt und Notwehr als Hilfe«

Psychiatrie und ihr Verhältnis zur Gewalt

»Der Auftrag: dem psychisch Kranken helfen«, heißt ein Aufsatz des Frankfurter Psychiatrieprofessors und Leiter der Universitätsnervenklinik *Hans-Joachim Bochnik.* Er erschien Dezember 1976 in der Zeitschrift *Ärztliche Praxis.*[1] *Bochnik* beschäftigt sich dabei auch mit dem Thema »Gewalt in der Psychiatrie«: »Da es Irre, Wahnsinnige, Verrückte, Tobende immer gegeben hat, ist es kein Wunder, daß der Aspekt der Notwehr der Gesellschaft gegenüber der Hilfe für den Kranken vor wenigen Jahrhunderten noch ganz im Vordergrund gestanden hat.« Es sei erst knapp 200 Jahre her, daß die Psychiatrie ihre Gemeinsamkeiten mit den Gefängnissen überwunden habe. Und zwar etappenweise. Die Fortschritte seien so groß, daß der »schmutzige Rest« von immer noch »gelegentlich unvermeidlicher Gewalt« weitgehend verdrängt oder sogar verleugnet werden konnte.

War dies noch historisch gemeint, kommt *Bochnik* sodann in die Gegenwart und wiederholt noch einmal: »Wie gesagt, Verrückte, Wahnsinnige, Blödsinnige, Irre, Verschrobene, Dumme, Tobende, Anfallkranke, Süchtige und Trinker hat es seit jeher gegeben... Die Problematik, daß Gewalt und Notwehr als Hilfe (?) wohl nie ganz aus der Psychiatrie verschwinden werden, wird heute gern verdrängt.«

Sodann gibt es eine Begründung: »Derjenige, der keiner rationalen Beeinflussung zugänglich ist, der gefährlich ist, vor dem muß die Gesellschaft geschützt werden, und oft muß er vor sich selbst geschützt werden.« Der Psychiater in der Notwehrposition. Der psychisch Kranke als rational nicht zugänglich und gefährlich.

Zwar sei die Gewaltanwendung gegen psychisch Kranke heute erheblich seltener und abgemildert, aber nicht ganz zu vermeiden: »Daß Gewaltanwendung zumeist mit der menschlichen Würde unverträglich ist, braucht nicht betont zu werden. Daß es beim Geisteskranken ganz anders sein kann, wird zwar nicht von der Psychiatrie, wohl aber von der Öffentlichkeit oft mißverstanden.« Gewalt ist beispielsweise nötig, um einen akut Kranken in eine geschlossene Abteilung zu bringen oder um ihn zu fixieren, damit eine lebensrettende Insulinbehandlung ermöglicht wird. Daß aber in der Bundesrepublik mehr Gewalt angewendet wird, weil mehr Patienten auf geschlossene Abteilungen verbracht werden als beispielsweise in England, davon findet sich keine Zeile.

Bochnik: »Unsere alten psychiatrischen Pfleger konnten noch geübt zugreifen, wenn ein Patient auf der Station plötzlich in einen Erregungszustand kam. Dank der modernen Therapie ist das so selten geworden, daß das junge Pflegepersonal keine Übung mehr hat und übrigens durch die Verdrängung des Themas auf die Anwendung angemessener, unvermeidlicher Gewalt in der Krankenpflege auch nicht vorbereitet worden ist. So kommen einerseits überschießende Reaktionen vor, die denen angegriffener Laien entsprechen, andererseits kommt es bei jenen human engagierten Anfängern zu Schwierigkeiten, für die Gewalt grundsätzlich unakzeptabel ist.«

Psychiatriekritiker sehen in der gesamten Psychiatrie bereits Gewaltanwendung. Der Patient wird oft zwangseingewiesen, zwangsbehandelt und der Organisationsform der psychiatrischen Klinik unterworfen. Das Leben in der Anstalt bedeutet Unterwerfung, Ausgeliefertsein, nichts bestimmen dürfen, bestimmt zu werden.

Franco Basaglia, Leiter der psychiatrischen Klinik in Triest: »Wir sind Techniker – bürgerliche Wissenschaftler, die aufgrund praktischer Erfahrung die Gewaltsamkeit der Anstalten ablehnen. Die Vollmacht zur Anwendung von Gewalt, die uns die Gesellschaft erteilt hat, wollen wir nicht. Wir sagen Nein zu Unterdrückung, Gewalt und Folter. Das haben wir zunächst ganz emotional gesagt, als wir sahen, daß die uns zur Pflege anvertrauten Personen ganz arme, armselige Menschen waren. Deshalb unser Nein zur Gewalt! Aber dieses Nein ist zu wenig. Es darf nicht auf die Ärzte allein beschränkt bleiben, sondern muß übergreifen auf die Internierten, die Gewalt erleiden. Wenn die Bevölkerung nicht erfährt, welcher Kampf heute in den psychiatrischen Anstalten ausgetragen wird – wenn die Bevölkerung nicht die Absurdität einer Wissenschaft erkennt, die statt der Pflege des Kranken sich die Durchsetzung von Behandlungsmethoden zur Aufgabe macht, dann wird unser Nein folgenlos bleiben oder bestenfalls eine messianische Geste, die niemanden interessiert. Wir wollen eine Wissenschaft der Befreiung und nicht eine Wissenschaft der Unterdrückung!«[2]

Psychiatrieanstalten bedeuten immer Gewalt, die, so *Basaglia*, wissenschaftlich verbrämt wird. Deshalb spricht er von der »terroristischen Anwendung der Wissenschaft«, die den Patienten zum Opfer herabwürdigt, im Ungewissen hält, was die Psychiatrietechnokraten über ihn beschlossen haben. Die Allmacht der Psychiater muß gebrochen werden, denn sie haben nicht gelernt, vom Patienten auszugehen.

Bis zu 75 Prozent der Psychiatriepatienten sind zwangseingewiesen. Die Grundlage dazu bieten Ländergesetze, wie beispielsweise in Hessen das *Gesetz über die Entziehung der Freiheit geisteskranker, geistesschwacher, rauschgift- oder alkoholsüchtiger Personen.* Es sind Gesetze zum Schutze der öffentlichen Ordnung, Ordnungsvorschriften und weniger Schutzvorsorge für den Kranken.

»Bereits der Name dieses Gesetzes zeigt deutlich«, schrieb ein Arzt in der Patientenzeitung *Wald-Echo* des *Psychiatrischen Landeskrankenhauses Köppern* (Taunus), daß es dem Staat weniger auf die Behandlung einer Krankheit, sondern vielmehr darauf ankommt, eine Person, die aufgrund ihrer Verhaltensabweichung von ›üblichen Normen‹ auf andere Menschen störend oder verunsichernd wirkt, aus dem Verkehr zu ziehen, indem man sie einsperrt. Dafür, daß dann wenigstens eine vernünftige Behandlung durchgeführt werden kann, sorgt der Staat nicht.«[3]

Doch damit nicht genug, der psychisch Kranke wird behandelt, als habe er ein kriminelles Delikt begangen: »Die Auffassung des Gesetzgebers, daß es sich bei einer psychischen Krankheit um so etwas ähnliches wie ein kriminelles Delikt handelt, wird nicht nur dadurch deutlich, daß die einzigen Personen, denen sonst noch die Freiheit entzogen wird, strafbare Handlungen begangen haben, sondern auch dadurch, daß der psychisch kranke Patient die Gerichtsgebühren für das Freiheitsentzugsverfahren und seinen Transport ins Krankenhaus (§ 31 HFEG) selbst bezahlen muß.«[4]

Der Gesetzgeber diskriminiert sehr emsig, spricht von Kranken als von »Unterzubringenden«, nimmt sie in »Verwahrung«, in »endgültige Unterbringung«. Das Gesetz regelt, in welchem Umfange »die Grundrechte der Freiheit der Person, der körperlichen Unversehrtheit und der Unverletzlichkeit des Brief-, Post- und Fernmeldegeheimnisses eingeschränkt« wird (§ 33).

»Ein mit polizeilichem oder gerichtlichem Beschluß ins Krankenhaus eingewiesener Patient wird aber nicht nur wie ein Straftäter und Unmündiger behandelt«, schreibt der Arzt in der Patientenzeitung weiter, »sondern nach seiner Entlassung häufig auch als ›verdächtiger Wiederholungstäter‹. Da bei den Polizeibehörden jedes Unterbringungsverfahren aktenkundig ist, werden entlassene Patienten häufig bei geringstem Anlaß sofort wieder der Psychiatrie überstellt, selbst wenn sie keiner Behandlung bedürfen. Wenn sie vor Ablauf eines Unterbringungsbeschlusses entlassen werden, können sie von der Polizei ohne vorherige ärztliche Begutachtung erneut ins Krankenhaus eingewiesen werden.«[5]

In einem Brief schrieb mir ein Richter aus Bayern, der öfters mit Verwahrungs- bzw. Unterbringungssachen zu tun hatte, »daß die Interessen des einzelnen – vorsichtig ausgedrückt – nicht immer in den besten Händen sind«.

Im August 1974 wird über einen jungen Mann in der Universitätsnervenklinik Frankfurt ein »Beschluß« verhängt, daß er in einer »geschlossenen Krankenabteilung oder einer anderen geeigneten Verwahrung unterzubringen« sei. Die Gründe, nach dem Bericht des behandelnden Arztes: Der »Unterzubringende« leide »an einer endogenen Psychose«. »Er gefährdet sich selbst. Zeit ›Leidende Bereitschaft.‹« So verworren steht es da.

»Über eine endgültige (!) Unterbringung«, geht der Beschluß weiter, »kann noch nicht entschieden werden, weil hierfür noch weitere Ermittlungen notwendig sind.« Das ist die Sprache der Polizei, die gegen Kriminelle vorgeht.

Am 12. 11. 1974 schreibt die Mutter des »Untergebrachten« an das Amtsgericht Frankfurt. Ihr Sohn hat am 7. 9. 1974 Ausgang erhalten und sich dabei umgebracht. Sie beklagt sich: »In der Beschlußzustellung mit einer derartigen Diagnose (»endogene Psychose«) sehe ich eine Handlung, die man nur als unmenschlich bezeichnen kann. Von Stund an hatte mein Sohn Depressionen und Furcht, nie wieder aus der Nervenklinik herauszukommen.« Ihr Sohn, er hatte das Zweite Staatsexamen als Lehrer abgeschlossen, wußte natürlich, was das Urteil »endogene Psychose« bedeuten kann.

Die Mutter fragt in diesem Brief, was der Ausdruck »Zeit ›Leidende Bereitschaft‹« heiße. Und ob ein Prüfungstermin stattgefunden habe, und wer als Arzt und als Anwalt anwesend gewesen sei? Ein Anwalt müsse ja wohl dabei gewesen sein, wenn man dem Patienten vorher schriftlich die Unzurechnungsfähigkeit bescheinigt habe.

Am 14. 11. 1974 antwortet der Richter, der den Sohn amtlich eingewiesen hat: »Der Stationsarzt der Abt. 5 des Zentrums für Psychiatrie sagte mir nach der Anhörung Ihres Sohnes: ›Der

Patient ist seit 1970 hier bekannt. Er leidet an einer endogenen Psychose und ist für sich selbst gefährlich. Leidende Bereitschaft.‹ Dies habe ich dann in dem einstweiligen Unterbringungsbeschluß aufgenommen. Was der Ausdruck ›Leidende Bereitschaft‹ bedeutet, kann ich als Nichtarzt nicht erklären.« Den Tod des Sohnes bedauere er.

Am 23. 11. 1974 antwortet die Mutter diesem Richter. Es sei unmöglich der Stationsarzt gewesen. Dieser habe ihr versichert, weder bei der Aufnahme noch bei der Befragung ihres Sohnes zugegen gewesen zu sein. Im Gegenteil, er sei verwundert, daß ein Ausdruck wie »endogene Psychose« in den Einweisungsbeschluß gekommen sei. Eine solche Diagnose sei kaum zu stellen, und man vermeide es, so etwas Gravierendes anzugeben.

Außerdem, schreibt die Mutter an den einweisenden Richter, sei der Sohn nicht seit 1970 in der Klinik, sondern er wäre einmal 1970 in der Klinik gewesen. Man habe eine Diagnose von 1970 einfach abgeschrieben. Sie habe 1970 ihren Sohn unter vielen Schwierigkeiten aus Frankfurt nach Berlin geholt. Dort seien die Medikamente sofort abgesetzt worden, ihr Sohn habe nicht mehr halluziniert und sei als geheilt entlassen worden. 1974 habe er sein Staatsexamen mit »gut« bestanden.

Am 25. 11. 1974 erstattet die verbitterte Mutter beim Generalstaatsanwalt in Frankfurt Anzeige gegen das Personal wegen fahrlässiger Tötung. Am gleichen Tag erhebt sie eine Dienstaufsichtsbeschwerde gegen den Richter, der »auf Grund einer ihm nicht verständlichen Diagnose einen Einweisungsbeschluß gegen meinen Sohn erlassen hat und persönlich zustellen ließ.«

Am 12. 12. 1974 weigert sich der Präsident des Amtsgerichts, die Dienstaufsichtsbeschwerde zu behandeln: »Nach unserer verfassungsmäßigen Ordnung ist die rechtsprechende Gewalt allein den Richtern anvertraut. Diese sind unabhängig und nur an die Gesetze gebunden. Daher ist es mir als Organ der Justizverwaltung verwehrt, in die unabhängige und nur an das Gesetz gebundene Tätigkeit eines Richters einzugreifen, diese Tätigkeit zu überprüfen und ggf. Weisungen zu erteilen. Aus demselben Grunde muß ich mich auch jeder Stellungnahme zu einer richterlichen Tätigkeit, zu der auch insbesondere die Begründung eines Beschlusses gehört, enthalten.«

Das »Organ der Justizverwaltung« macht beide Augen zu, um nichts wahrzunehmen. Doch einen Makel gibt es schon, der Richter hat ja zugegeben, einfach etwas hingeschrieben zu haben, was er selbst nicht verstanden hat. Auch da weiß der Präsident, das Justizverwaltungsorgan, einen Ausweg: »Im übrigen bedauere ich, daß der amtierende Richter Ihnen in seinem Schreiben vom 14. 11. 1974 mitgeteilt hat, er könne sich als Nichtarzt nicht erklären, was der Ausdruck ›zeigt leidende Bereitschaft‹ bedeute. Diese Äußerung ist in dieser Form zu beanstanden. Ich bitte, auch das Verhalten des Richters zu entschuldigen.«

Am 2. 2. 1975 schreibt die Mutter nochmals an den Präsidenten. Der Stationsarzt habe ihr persönlich versichert, die Aufnahme – wie behauptet – nicht vollzogen zu haben. Der Richter könne sich nicht einmal an den Namen des Arztes erinnern, dessen gravierende Diagnose er schließlich in den Beschluß geschrieben hat.

Am 3. 2. 1975 stellt auch die Staatsanwaltschaft das Ermittlungsverfahren gegen die Klinik ein, weil sich die Ermittlungsbehörde den Argumenten der verantwortlichen Ärzte anschließt. Die Klinik schreibt, der Patient habe an einer endogenen paranoiden Psychose gelitten. Plötzliche Rückfälle und tödliche Komplikationen seien auch heute noch trotz modernster Methoden häufig nicht vorhersehbar. Der Patient sei nach den Regeln der ärztlichen Kunst mit Medikamenten behandelt worden. »Es ist übrigens außerordentlich fraglich, ob es sich bei dem von uns sehr bedauerten tödlichen Sprung von Herrn G. vom Balkon tatsächlich um einen Freitod gehandelt hat.« Es könne sich eher um eine Wahneingebung des Patienten gehandelt haben.

Und so endet der Versuch, eine Zwangseinweisung und einen Freitod aufzuklären.

Literatur

1 Alle Zitate: *Hans-Joachim Bochnik,* ›Der Auftrag: dem psychisch Kranken helfen‹, in: *Ärztliche Praxis* v. 11. 12. 1976.

2 Zit. nach: *Klaus Figge/Peter Kammerer,* ›Eine Stadt spielt verrückt. Demokratische Psychiatrie in Parma‹ (Manuskript einer Hörfunksendung des Hessischen Rundfunks vom 28. 11. 1976).

3 *Peter Crell,* ›Kritik am hessischen Freiheitsentzugsgesetz aus ärztlicher Sicht‹, in *Wald-Echo,* Patientenzeitung des psychiatrischen Landeskrankenhauses Köppern (Taunus), Nr. 3/1975.

4 Ebenda.

5 Ebenda.

6. Arme verdreht und ausgerenkt

Bericht eines Angehörigen

In dem Krankenhaus, in dem ich vor etwa vier Jahren arbeitete, lernte ich meine Frau kennen. Während unserer Verlobungszeit und auch schon vorher, erzählte sie mir, daß sie seelisch krank gewesen sei. Bei den ersten Anzeichen ihrer Krankheit wurde sie ambulant von einem Nervenarzt behandelt, der sie lediglich mit Tabletten vollstopfte, die sie vollkommen lethargisch und bewegungsunfähig machten, so daß sie kaum eine Toilette aufsuchen konnte. Da mein Schwiegervater gelähmt ist, konnte meine Schwiegermutter ihre Tochter nur unzureichend versorgen. Als sich keine Besserung zeigte, wurde sie in ein Landeskrankenhaus überwiesen.

Sie bekam lediglich sedierende Medikamente, lag in einem Wachsaal mit vierzig Betten. Die akut Kranken wurden mit ihren Betten einfach in den Tagesraum geschoben. Jeglicher persönlicher Besitz wurde da den Kranken weggenommen. Außer einem persönlichen Gespräch beim Arzt innerhalb von vier Wochen und einer Kurzuntersuchung geschah neben einer starken Medikamentengabe nichts. Auf der offenen Station, auf die sie dann bald kam, war für die Patienten Parkausgang und Beschäftigungstherapie. Auch das Gespräch, das nach meiner Erfahrung als die wichtigste Medizin bei seelischen Erkrankungen anzusehen ist, fehlte hier ganz. Nach vier Wochen wurde sie entlassen, mit der Auflage, keine Dummheiten mehr zu machen.

Geheilt werden konnte sie nicht. Sie mußte nach einem Jahr erneut dieses Landeskrankenhaus aufsuchen. Oft lag sie im Bett angeschnallt, und Patienten mußten den Pflegekräften helfen, andere Patienten festzuschnallen. Brutalität von den Pflegekräften gegenüber den Patienten muß offensichtlich an der Tagesordnung gewesen sein. So berichtete mir meine Frau, daß eine Patientin, etwa um die fünfzig, ihr Bett benäßt habe. Man hat ihr darauf die Arme verdreht und ausgerenkt, sie quer durch den Wachsaal geschleift. Laut Bericht durften die Fenster so gut wie nie geöffnet werden.

In den vier Monaten, die sie diesmal da verbringen mußte, wurde sie häufig gegen ihren Willen, bzw. ohne sie zu fragen, verlegt, bis sie dann in die Behandlung der Medizinischen Hochschule Hannover kam. Dort versucht man bewußt, neue Wege in der Psychiatrie zu gehen. Die Stationen sind hell und freundlich gestaltet und nicht zu groß, den Patienten wird, so weit es irgend geht, ein Höchstmaß an Freiheit belassen. Gesprächsgruppen sind dort an der Tagesordnung. Von da aus machte sie mehrere Arbeitsversuche, die gescheitert sind. Sie ging anschließend in ein vorbildliches therapeutisches Wohnheim, in dem man ihr den Weg ebnete für eine krankenpflegerische Ausbildung, die sie mit der staatlichen Abschlußprüfung, Note »gut«, beendete. Eben in dieser Zeit lernte ich sie kennen. Da ich selber hochgradig sehbehindert bin, habe ich seelische Erkrankungen nie verurteilt.

Meine Frau ist heute Hausfrau und Mutter mit zwei gesunden Kindern. Wie sie mir oft sagt, hilft ihr das gegenseitige Gespräch noch heute am besten.

7. Der Radiergummieffekt der elektrischen Durchflutungstherapie

Elektroschocks

Zu den aggressivsten Mitteln der Psychiatrie gegen psychische Erkrankungen zählt der Elektroschock. Ein Lehrbuch der Psychiatrie, das schönfärberisch von einer Elektroschockkur spricht, schildert den Vorgang so:
Es wird ein epileptischer Krampf durch elektrische Reizung des Hirns erzeugt. Der Patient muß nüchtern sein, Zahnprothesen werden entfernt. Um beispielsweise Wirbelbrüche zu vermeiden, wird der Patient narkotisiert, und dann wird ein Mittel gespritzt, das zur Lähmung der willkürlichen Muskulatur führt, einschließlich des Zwerchfells. Der Patient muß dann sofort beatmet werden.
Der Kopf des Patienten wird leicht gehoben, die Schläfen mit Kochsalz befeuchtet, die Elektroden an die Schläfen angelegt. Die Elektroden werden fest an die Schläfe angedrückt, der Schock durch Betätigung eines Knopfes am Apparat ausgelöst. Ein positiver Schock ist am Flattern der Augenlider und am Zucken der Bauchdecken erkennbar. Nach dem Schock wird beatmet, bis die normale Atmung wieder einsetzt. Nach einer halben bis einer Stunde erwacht der Geschockte.
Als Komplikationen kann beispielsweise ein Stimmritzenkrampf einsetzen. Als letzte Möglichkeit kann man eine Wassermann-Nadel in die Luftröhre einführen. Ansonsten besteht die Möglichkeit eines Kollaps oder des Todes. Es können auch andere Folgen (psychoorganische Syndrome) eintreten. Durchschnittlich gibt man 5–10 Schocks.[1]
Angewendet wird der Elektroschock nach diesem *Kompendium der Psychiatrie (Spoerri)* bei vitaler Traurigkeit, bei Hemmungen, Angst und Unruhe[2], Depressionen oder Katatonie.[3]
Ein anderes Lehrbuch *(Heinrich)* spricht von einer Heilkrampf- oder Durchflutungsbehandlung. Das ist eigentlich Euthanasiesprache, die euphemistisch Sachverhalte verhüllt. Danach werden Patienten »durchflutet«, bei denen Psychopharmaka keine Wirkung zeigen. »Von der vitalen Indikation der febrilen perniziösen Katatonie abgesehen, rechtfertigen vor allem pharmakotherapie-resistente endogene Depressionen, in zweiter Linie

ungünstig verlaufende schizophrene Erkrankungen einen Versuch mit der elektrischen Durchflutungstherapie.«[4] Am häufigsten verwendet wird ein Gerät von *Siemens.*
Der Hamburger Psychiater *Bürger-Prinz* erinnert sich in seiner Autobiographie *Ein Psychiater berichtet*: »Es kam zu regelrechten Knochenbrüchen – Kieferbrüchen, Armbrüchen, ja es gab sogar Verletzungen der Wirbelsäule.«[5] Daß der Elektroschock in seiner Wirkung nicht erforscht ist, weiß er: »Nun, auch beim Elektroschock weiß man hierfür noch keine Erklärung, die Anspruch auf wissenschaftliche Genauigkeit erheben könnte. Bei weitem nicht.«[6]

Mein Mann war ein ausgesprochen intellektueller Typ. Durch die Behandlung mit Elektroschocks konnte er nicht mehr lesen, sich nicht mehr konzentrieren, vergaß alles. Er gab seine besten Freunde auf. Stundenlang, tagelang starrte er ruhig, still, ohne zu reden, an die Decke des Zimmers. Interessant war auch die sehr kurzfristige »euphorische« Besserung nach den Schocks. Sie dauerte drei bis fünf Tage, dann kam der nächste Anfall und somit eine weitere, schreckliche Depression. Am 9. Mai holte ich ihn als »geheilt« aus der Klinik Bamberg, am 15. Mai beging er Selbstmord durch Erhängen. Die Menschen dort wurden systematisch isoliert, so sehr, daß sie sich nicht mehr in der freien Welt zurechtfinden konnten.

(Aus einem Brief der Ehefrau)

Dennoch ist er ein Verfechter dieser »heilsamen Katastrophe«, dieses »heilsamen Schocks«. Über den Elektroschock gerät der Psychiater ins Schwärmen, gesteigert bis zum therapeutischen Orgasmus: Nachdem er von den Gefahren berichtet hat, die seinerzeit mit dem Schock verbunden waren (Atemlähmung), schreibt er: »Bedenkt man, wie fast jeder Patient sich im Ausmaß seiner Reaktionen anders verhält, so wird klar, welche Höhe der Könnerschaft die Durchführung der Therapie nunmehr erforderte. Natürlich, man konnte auch sagen: Welch ein imponierendes, tiefgreifendes Wechselspiel, das der Mensch hier mit einer Injektionsnadel, mit dem Druck auf einen elektrischen Knopf und einem weiteren kurzen Einstich auszulösen vermochte. Imponierend auch, wie bald man sich auf die jungen Ärzte verlassen konnte, wie präzise und selbstsicher sie bald alles im Griff hatten.«[7]

Es ist neun Uhr. Der Oberarzt, Assistenzarzt und Oberpfleger kommen ... Der Stationspfleger sagt: »Sie können gleich zuschauen bei einer Elektrobehandlung«. Ich gehe zum Bett des Patienten, der mit E-Schock behandelt werden soll, und mir ist, als ob ich einen Schlag in den Magen bekomme ...
Der Assistenzarzt sucht die Vene des Patienten und spritzt, wie ich später erfahre, zuerst zwei Kubikzentimeter Kreislaufstärkungsmittel (Laeveostrophan), dann acht Kubikzentimeter Kurzzeitbetäubungsmittel (Thiopental) auf Barbituratbasis, der Patient atmet schwer und sagt, daß er Angst habe ... Der Assistenzarzt sagt, er solle keine Geschichten machen, dann spritzt er noch drei Kubikzentimeter Lystenon, ein Mittel, das die quergestreiften Muskeln betäubt ... Der Patient schläft.
Ein Pfleger dreht eine Mundrolle zwischen die Zähne des Patienten. Dann nimmt der Assistenzarzt die zwei Elektroden des Konvulsators, Marke Siemens, und legt diese an die Schläfen des Patienten. Die Gesichtsmuskulatur verkrampft sich während des elektrischen Impulses, der sechs Sekunden dauert. Dann beginnen die Muskeln des Patienten für fünf bis zehn Sekunden kaum sichtbar zu zucken. Anschließend wird der Patient mit Sauerstoff beatmet, bis er wieder selbst atmen kann ...
(Aus: *Hans Weiss,* ›Tagebuch aus der Psychiatrie‹, zit. nach: *Psychologie heute,* Nr. 5/1977)

Hier werden die Allmächtigkeitsgefühle, die man Psychiatern mitunter vorwirft, grausam deutlich. Mit welcher Verzückung da Apparaturen betätigt werden und der leidende Patient ganz bedeutungslos wird, ein notwendiges Objekt, an dem die Apparate wirken.
Man muß sich vorstellen, auf welch schwankendem Boden die Tortur geprobt wurde: Behandelt werden Krankheiten, deren Ursachen unerforscht sind, mit Mitteln, deren Wirkung auch

unerforscht sind! Dabei hat man in Kauf genommen, was von der orthodoxen Psychiatrie bestritten und von ihren Gegnern wiederum behauptet wird, daß Gehirnzellen auf immer zerstört werden, daß Gedächtnisstörungen zurückbleiben – und Tote. Nun kann man sagen, die Tödlichkeitsrate sei mit 0,06 Prozent, bei 10000 Schocks sind das 6 Tote, gering (das heißt: bei 10 Schocks verschiebt sich das Risiko auf 6 zu 1000, bei mehreren Serien auf ein Vielfaches)[8].

Ein sehr schönes Beispiel über die Wirkung der Elektroschocks schildert *Bürger-Prinz*: In der Kriegsendzeit erscheint ein deutscher Offizier bei ihm, der in der Spionageabwehr gearbeitet hat. Die Engländer suchen ihn. Ihn in der Klinik zu verstecken hätte keinen Sinn, die Engländer fänden ihn. Was tun?

Bürger-Prinz weiß Rat. Gut, sagt er zu dem Gesuchten, »wenn Sie einverstanden sind, werden wir Ihnen auf einige Zeit das Gedächtnis ein bißchen ausradieren.« Der Mann ist einverstanden. Er wird geschockt. Nach einigen Tagen stehen die Engländer im Haus. Sie gehen Zimmer um Zimmer ab und gehen dann in das richtige Zimmer. »Aber nach einiger Zeit gingen sie wieder, unverkennbar ziemlich ratlos. Der Mann, den sie suchten, wußte sehr viel. Und dieser, den sie gefunden hatten, wußte von seiner eigenen Existenz nichts mehr.« Nach einiger Zeit sei der »Radiergummieffekt« wieder abgeklungen, berichtet der Psychiater.[9]

Nicht immer sind es natürlich so staatstragende Motive, sondern oft wirkt der Anlaß geradezu erschreckend. Da berichtet der Psychiater *Hans Jörg Weitbrecht* in einer *Psychiatrie im Grundriß*, wie ein Mädchen durch Elektroschocks so weit »aufgelokkert« werden konnte, daß sie wieder aß. Die Soziologin *Marianne Krüll* kommentiert dies:

»Ungewollt macht *Weitbrecht* durch seine Schilderung deutlich, wie wenig Einfühlungsvermögen er diesem Mädchen entgegenbringen kann. Dabei beschreibt er doch selbst, daß ihre Apathie, ihre Essenverweigerung, ihre Unsauberkeit (man beachte die ›bürgerlichen‹ Moralvorstellungen in der Hervorhebung des Ungekämmtseins, des Versäumnisses, Wäsche zu wechseln!) usw. nur Reaktionen auf das Unverständnis ihrer Umwelt sind. Zunächst hatte sie doch in ihrer Verzweiflung geradezu um Hilfe gebettelt. Statt Hilfe zu bekommen, wird sie klassifiziert, rubriziert, etikettiert: Sie ›zeigt ein kataton-stuporöses Bild mit kataleptischen Erscheinungen‹. Wenn ihre Essenverweigerung den Klinikbetrieb stört, erhält sie Elektroschocks, damit sie wieder ›regelmäßig am Tisch‹ mitißt! Was wäre wohl gewesen, wenn man dieses Mädchen nicht als ›kranken‹, sondern als ›verirrten‹ Menschen betrachtet hätte, wenn ... der Arzt nach der Ursache ihrer Verirrung gesucht« hätte.[10]

Der Leiter eines anderen psychiatrischen Krankenhauses, das eine sehr eindrucksvolle Entlassungsrate für schizophrene Patienten aufzuweisen hatte, erzählte mir kürzlich, daß er allen neu aufgenommenen Schizophrenen gewohnheitsmäßig zehn bis zwanzig Elektroschocks geben ließ. Wenn er dies nicht täte, wäre das Pflegepersonal nicht nur außerstande, mit dem gestörten Verhalten der Patienten fertig zu werden, es würde vor allem den Glauben an seine Fähigkeit verlieren, an der Heilung der Kranken mitwirken zu können. Er hatte auf diese Weise erreicht, daß seine Statistik über frühe Entlassungen und weniger häufige Wiederaufnahmen sehr gut war (was mit seinen Patienten während und zwischen den Anstaltsaufenthalten tatsächlich geschah, war ganz einfach ein irrelevantes und sogar möglicherweise unsauberes Thema). Dennoch konnte sich dieser Mann nicht mit dem ärztlichen Leiter in einem anderen Lande des Commonwealth vergleichen, der allmorgendlich vor acht Uhr in Pyjama und Morgenrock in sein Krankenhaus kam, um 30 bis 40 Patienten einer Elektroschocktherapie zu unterwerfen, damit er einen guten Tagesanfang hatte. Tatsächlich kehrte er einmal von einem Ferienaufenthalt in Schweden zurück, um ausgesuchten Patienten 20 rasche Schocks zu versetzen, bevor er zurückfliegen konnte, um seinen Urlaub mit reinem Gewissen fortzusetzen.

Aus: *David Cooper*, ›Psychiatrie und Anti-Psychiatrie‹, Frankfurt (Suhrkamp Bd. 497) 1971, S. 126 f.

Die Grenzen zwischen Therapie, Drohung und Strafe werden manchmal fließend (beispielsweise auch, wenn ein Patient bei einem Vergehen aus einem Viererzimmer in einen Massenschlafsaal verlegt wird). Betrachtet man die Ergebnisse der für den Patienten tiefgreifenden Behandlung, wird die Anwendung des Elektroschocks noch verwunderlicher. Bei Schizophrenien wird mit einer kurzzeitigen Besserung in 50–60 Prozent aller Fälle gerechnet. »Die Dauerresultate sind wesentlich ungünstiger, hier nähern sich die Behandlungsergebnisse im Laufe von 10–15 Jahren bei behandelten und unbehandelten Kranken immer mehr.«[11]

Am Morgen um 8 Uhr vier E-Schock-Behandlungen. Pfleger E. und ich assistieren Dr. F. ... Der Vorgang ist für mich schon ein gewohnter. Wenn ich nicht wüßte, daß Gehirnzellen (Erfahrungen) des Patienten dadurch zerstört würden, die Behandlung hätte nichts Schreckliches mehr an sich. Die Patienten sind dieselben. Sie verhalten sich wie immer. Alle haben Angst. Patient G. muß in der Arbeitstherapie gesucht werden, weil er eben Angst davor hat. Er betet nach der Behandlung, ist unruhig, boxt nach dem Pfleger, und Patient H. schreit wie ein verwundeter Stier während der Injektionen. Einzig Patient I. läßt alles über sich ergehen, ohne daß man viel an ihm bemerken würde (für ihn ist die »Schlafbehandlung« auch schon ein gewohnter Vorgang, er hat seit 13 Jahren schon ca. 200(!) »Schlafbehandlungen« erhalten...).
Nach einer Stunde ist alles wieder so, als ob nichts gewesen wäre (Bemerkung von Dr. F., als Witz gemeint: »Man sollte in einem Zimmer ein starkes elektrisches Feld errichten, durch das alle Patienten dreimal pro Tag durchgeschoben würden, dann brauchte man keinen Konvulsator mehr und man könnte sich den ganzen Aufwand sparen«).

(Aus: *Hans Weiss*, ›Tagebuch aus der Psychiatrie‹, zit. nach: *psychologie heute*, Nr. 5/1977)

Der Weinsberger Psychiatrieprofessor *F. Reimer* verteidigt die Elektroschockbehandlung: »Die Elektrokonvulsionsbehandlung ist bei Schizophrenen mit Recht in den Hintergrund getreten. Allerdings haben wir in Deutschland den unverzeihlichen Fehler begangen, dieses Verfahren konsequent zu verlassen... Die Aufgabe dieser Behandlungsmethode beruht sicher auch darauf, daß das Verfahren durch Hinzuziehung der Anästhesisten so kompliziert wurde, daß man sich einer Modemeinung gern unterwarf.«[12]

Es stimmt, daß die Elektroschockbehandlung bei weitem nicht mehr den Stellenwert einnimmt wie früher. Daß dies z. T. aus Bequemlichkeit geschehen soll, weil nun ein Anästhesist hinzugezogen werden muß, spricht für sich. Denn die Narkose dient ja dem Patienten zur Linderung seiner Leiden.

Während der Datenerhebung im Herbst 1974 in Valduna stieß ich in den insgesamt 670 Krankengeschichten meiner Stichprobe auf einige merkwürdige Eintragungen. So waren beispielsweise Patienten bei folgenden Diagnosen mit Elektroschocks behandelt worden: Senile Demenz, angeborener Schwachsinn, Epilepsie, organische Hirnschädigung, Delirium tremens, Psychopathie und Neurosen. In einigen Fällen wurden Patienten – so die Krankengeschichten – sogar aus disziplinarischen Gründen mit Elektroschocks behandelt, oder es war ihnen zumindest angedroht worden.

(Aus: *Hans Weiss*, ›Tagebuch aus der Psychiatrie‹, zit. nach: *psychologie heute*, Nr. 5/1977)

Nachdenkenswert erscheint mir ein Absatz aus einem Artikel über Elektroschocks von *Klaus Heim*: »Bedenkt man zudem den sozialen und bildungsmäßigen Hintergrund eines herkömmlichen Psychiaters, so verwundert angesichts gewisser Kontakt- und Verständnisschwierigkeiten nicht, weshalb bei asylierten Patienten vor allem jene aus sozial niederen Schichten gekrampft werden. In Einzelfällen haben es Psychiater hierbei für vertretbar gehalten, bis zu 463 Krampfungen bei einem Patienten durchzuführen.«[13]

Literatur

1 *Theodor Spoerri*, ›Kompendium der Psychiatrie‹, Basel 1975, S. 216f.
2 Ebenda, S. 95.
3 Ebenda, S. 216.
4 *Kurt Heinrich*, ›Psychopharmaka in Klinik und Praxis‹, Stuttgart 1976, S. 6.
5 *Hans Bürger-Prinz*, ›Ein Psychiater berichtet‹, Hamburg 1976, S. 111.
6 Ebenda.
7 Ebenda, S. 117f.
8 *Marianne Krüll*, ›Schizophrenie und Gesellschaft. Zum Menschenbild in Psychiatrie und Soziologie‹, München 1977, S. 84.
9 *H. Bürger-Prinz*, a.a.O., S. 115f.
10 *M. Krüll*, a.a.O., S. 41.
11 *K. Heinrich*, a.a.O., S. 7.
12 *F. Reimer*, ›Behandlungsverfahren für Schizophrenien in der Psychiatrischen Klinik‹, in: *psycho*, Nr. 5/1977, S. 282.
13 *Klaus Heim*, ›Elektroschocks, Behandlung aus der Steckdose, Therapie oder psychiatrischer Mythos‹, in: *Deutsche Zeitung*, Nr. 12/1977.

8. Seelische Schmerzen sind ganz fürchterlich

Bericht einer Frau, die mit ihrem Leben nicht fertig wird

Ich lebe mit einem Medikament, das ganz enorme Nebenerscheinungen hat. Meine Probleme löst es nicht. Es deckt nur zu, blockiert das Auffassungsvermögen, schwemmt auf, macht müde und auch süchtig.
Nach dem ersten Kind hatte ich begriffen, daß ich der Aufgabe nicht gewachsen war und einen endgültigen Eingriff machen lassen wollte. Nach dem zweiten Kind hatte ich einen Nervenzusammenbruch. Meine Bitten bei der Gynäkologin wurden trotzdem nicht erhört. Nein, sie ermunterte mich noch dazu, wenn nicht in dieser Ehe, dann in einer anderen. Bei mir wurden die Depressionen immer intensiver, alles, was ich im Laufe der Ehe an negativen Dingen gespeichert hatte, lief regelmäßig wie ein Filmstreifen vor meinem geistigen Auge ab. Selbstmordgedanken verstärkten sich. Mein ganzer Körper war krank. Nach jeder Unstimmigkeit hatte ich entweder Schwindelanfälle oder Herzattacken, Magenkrämpfe, Gallenkoliken, Schmerzen im Unterleib, Rückgrat bis hin zum Ausfall der Stimme. Ich fiel in meinen Kummer hinein. Immer öfter kam der Gedanke, nichts mehr zu können, und wahnsinnige Angst. So kann kein Mensch leben, wenn er zusätzlich ständig gequält wird. Man trennt sich nicht vom Partner, sondern klammert. Die meisten gehen mit oder ohne Trennung daran zugrunde. Mein unbewußter Wunsch war, zu sterben.
Der Mensch, der diese Urangst nicht erlebt, kann sich davon keinen Begriff machen. Man wird gequält, verurteilt und hat überhaupt keine Möglichkeit, irgend etwas besser zu machen. Zwangsläufig zieht man sich zurück, gibt auf, ist am Ende seiner Kraft.
Mich riß eine Gruppentherapie völlig auseinander. Aufbauende Zuwendung ist sinnvoller, man weiß selber, wo man steht. Ich sah nur noch das Elend, die Schönheiten der Welt drangen nicht mehr in mein Bewußtsein. Dafür hatte ich nun pro Stunde 35 Mark ausgegeben. Ich wollte lernen, bemühte mich um eine Einzeltherapie. Sie war auf meine Bedürfnisse zugeschnitten, dank dieser 30 Stunden kann ich wenigstens die Trauer stoppen.

Ich bin aber überfordert, wollte ich alles konsequent anwenden. Die Stunde kostete 70 Mark, ein Zuschuß von 20 Mark wurde von der Ersatzkasse geleistet.
Jede Krankheit liegt im seelischen Bereich. Jede Selbstzerstörung ist der letzte Ausweg aus Problemen. Jeder, aber auch jeder, versucht sich weiterzuentwickeln. Die Ursache ist geringe Belastbarkeit, oft Ekel, Angst, das Erkennen – unbewußt – seiner begrenzten Möglichkeiten, Unruhe, Erregbarkeit, eine zunehmende Unzufriedenheit, alles in allem Urangst. Dafür kann man nichts. Bleibt man mit seinem Bewußtsein auf einer kindlichen Stufe stehen, führt es zu Wahnsinn. Landet man nicht in einer Anstalt, begeht man nicht Selbstmord, erlöst einen nicht ein Herzschlag? Nein, es folgt ein Siechtum.
Seelische Schmerzen sind ganz fürchterlich. Wer kann sich an diesen Produkten erbauen?
Immer wieder versuchte ich hinter die Dinge zu kommen, warum es mir nicht gelang, mit allem besser fertig zu werden. Ich besuchte Vorträge, Seminare und befaßte mich mit Erziehungsfragen. Ich wollte meinen Kindern und meinen Mann eine gute Partnerin sein. Die Barrieren zwischen meiner Jüngsten und mir abzubauen, gelang nicht. Als auch noch zu den körperlichen und seelischen Schmerzen Aggressionen, die nur eine Folge von Überforderung waren und wahnsinnige Angst hinzukamen, tauchten Selbstmordgedanken auf. Ich konsultierte eine Neurologin, denn jetzt ahnte ich, was das ganze Dilemma bedeutete. Den Weg hätte ich mir allerdings auch sparen können. Mit unqualifizierten Äußerungen und leichten Beruhigungsmitteln war mir nicht zu helfen.
Wie immer mußte ich mich allein auf den richtigen Weg bringen. Doch jetzt verstärkten sich Selbstmordgedanken, weil sich meine Lage ja nicht änderte. Mein Kopf produzierte fürchterliche, zerstörerische Gedanken, die ich nie für möglich gehalten hätte. Oft waren sie gegen meine Kinder gerichtet, während ich meinen Mann nur in Gedanken anklagte. Am Selbstmord wurde ich immer gehindert – das sollte wohl so sein.
Abends fiel ich ausgelaugt ins Bett, nachts quälten mich Alpträume und morgens stand ich niedergeschlagen auf. Unbewußt peilte ich den Tod an, indem ich in einen Wahn fiel und mich sieben Monate in einem Sarg sah. Familie und Haushalt versorgte ich nur noch in Trance. Ich vertraute mich Freunden an, keiner reagierte. Auf dem Höhepunkt meiner Qualen fuhr ich in die Universitätsklinik in K. Nachdem ich schon alle Möglichkeiten ausgeschöpft hatte. Obwohl ich einer Neurologin meinen Wahn

schilderte, ließ sie mich ohne jegliche Hilfe gehen. Ich wollte den Schmerzen entrinnen und erreichte schließlich, daß mir ein junger Facharzt aus dem Bekanntenkreis half. Fast zehn Jahre wurde ich völlig falsch behandelt, mit Medikamenten vollgestopft, mit Apparaten nicht kuriert, und so geht es den meisten Menschen.

9. Wie aus Seelenpillen eine chemische Zwangsjacke wird

Psychopharmaka im Gebrauch und Mißbrauch*

In früheren Zeiten waren die Landes-Heilanstalten voll von Unruhe und vom Toben der Patienten (die Zustände waren auch danach). Heute sind die Anstalten ruhiger geworden, dank der Psychopharmaka, wie die Psychiater immer wieder beteuern. (Auch die Elektroschockbehandlung ist auf Grund der Psychopharmaka rapide zurückgegangen.)
Die Psychopharmaka bekämpfen die Erscheinungen der seelischen Krankheiten, dämpfen die Erregung, lösen jedoch die Konflikte, die zerstörerischen Erfahrungen der psychisch Kranken nicht auf, geben keinen Ersatz für den Verlust, den ein Patient individuell und in der Gemeinschaft erleidet.

In nicht wenigen Fällen wurden russische Regimekritiker während ihrer Internierung in psychiatrischen Sonderkliniken gezwungen, Neuroleptika einzunehmen. Sie erwähnen in ihren Berichten häufig das Neuroleptikum H. Um die Peinigungen, denen geistig gesunde Menschen in russischen Sonderkliniken mit H. ausgesetzt werden, beurteilen zu können, muß man vor allem die Wirkung dieses Medikaments bei Patienten mit psychischen Erkrankungen beobachten.

(Aus: ›Mit Medikamenten-Folter gegen russische Regimekritiker‹, *Frankfurter Allgemeine Zeitung* vom 27. 12. 1977)

Psychopharmaka gibt es noch nicht lange. Sie wurden erst 1951 und 1952 entdeckt und ausgebaut. Doch ihre Geschichte interessiert hier nicht. Die Psychopharmaka stellten einen Fortschritt dar, »vor allem unter dem Gesichtspunkt, mit Hilfe dieser Mittel

* Die Redaktion stellt ausdrücklich fest, daß im Text nicht grundsätzlich gegen die Verwendung von Psychopharmaka, für die es selbstverständlich Indikationen gibt, argumentiert wird, sondern nur gegen deren mißbräuchliche Anwendung.

in die eigentliche Behandlung, das aufdeckende oder zudekkende Gespräch, in die Psychotherapie einzusteigen.«[1] Plötzlich eröffnete sich ein riesiger Markt, der »die Industrie dazu brachte, die Nachfrage zu stimulieren und das Angebot immer weiter auszudehnen.«[2]

Zunächst wurden die Psychopharmaka nur in der Klinik verwendet, wo ihre Wirkungen auch kontrolliert werden konnten. Doch bald gerieten sie in die ambulante Psychiatrie der niedergelassenen Fachärzte und schließlich in die Praxen der Allgemeinärzte. »Der Schritt, der nicht mehr ausbleiben konnte, war die Ausdehnung der Indikationen. Was gegen Verstimmungen von hohem Krankheitswert wirkt, könnte auch für Verstimmungen gut sein, die diese Schwelle noch nicht erreicht haben, den Menschen aber verdrießen und stören. So wurde das weite Spektrum der modernen Psychopharmakologie entfaltet als ein Fächer von Arzneien gegen die alltäglichen Mißbefindlichkeiten, Spannungszustände, Ängste, Ärger, mangelndes Durchstehvermögen, Niedergeschlagenheit, Einfallslosigkeit, Müdigkeit, funktionelle Schmerzzustände, Appetitstörungen, Schlafstörungen – wie es scheint, gegen die Mühsal des Lebens im ganzen.«[3]

Liest man die Werbung der Pharmaindustrie, wird dies sofort deutlich: *Tolvin* »löst die Angst« und »hellt die Stimmung auf, behebt die Antriebsschwäche« und »nimmt das Gefühl, krank zu sein«. (Die Nebenwirkungen stehen unter dem Kleingedruckten: »Bei depressiven Verlaufsformen sollte die Indikation streng gestellt werden, da bei extensiv hoher Dosierung eine Verschlechterung(!) der schizophrenen Symptomatik eintreten könnte. Wird das Umkippen eines depressiven Zustandes in einen manischen Zustand beobachtet, ist *Tolvin* abzusetzen.«)

Saroten retard hilft »depressiven Patienten das Fenster öffnen«. *Truxal* wirbt mit einem ruhigen weiten Meer und verheißt »Ruhe und Ausgeglichenheit«. *Lexotanil* bringt »Aufwind für die Psyche«! Es dient der »Aufhellung der Psyche« und ist »problemlos dosierbar, problemlos verträglich«. (Die Nebenwirkungen findet man wiederum unter dem Kleingedruckten.)

Alival dagegen »führt aus dem psychischen Tief zum aktiven Leben«. *Librium Tabs* wirbt mit einem Segelschiff auf abendlichem Meer und ist »die Tablette, die den Tag freigibt«. Sie verspricht: Der Konsument wird »frei von der Angst, den Anforderungen des Tages nicht gewachsen zu sein, frei von der angespannten Gereiztheit, die den Realitätssinn beeinflußt und den

Horizont einengt, frei von der Vorstellung, dem nächsten Problem nur mit der nächsten Tablette begegnen zu können, frei für Spontaneität und neue Kontakte mit der Umwelt.«
Auch ein Lehrbuch *Psychopharmaka in Klinik und Praxis* posaunt in das gleiche Horn: »Richtig angewendet sind die modernen Psychopharmaka in der Lage, die Summe von Glück und Freiheit in der Welt zu vermehren.«[4] Laßt uns – richtig angewendet – Pillen konsumieren, auf daß wir glücklich und frei werden!
Dabei ist die Bezeichnung »Psychopharmaka« schlicht falsch. »Es ist nicht möglich, die ›Seele‹ oder den ›Geist‹ chemisch unmittelbar zu beeinflussen. Die sogenannten Psychopharmaka wirken auf das zentrale und periphere Nervensystem ein.«[5] »Angriffspunkt aller Neuroleptika ist der Hirnstamm ... Die Psychopharmakologie ist weitgehend eine Pharmakologie des zentralen vegetativen Nervensystems.«[6] Sie sind auch nicht »antipsychotisch«: »Der Begriff ›antipsychotisch‹ ist mißverständlich, da keine kausale Wirkung vorliegt.«[7] Darin sind sich die Lehrbücher einig. »Eine das Gesamtwirkungsspektrum und vor allem die antipsychotische Wirksamkeit der Neuroleptika erklärende biochemische Theorie, die sich auf gesicherte Befunde stützen könnte, gibt es noch nicht.«[8]
Die Nebenwirkungen der Psychopharmaka sind erheblich und in diesem Band von den Patienten selbst ausführlich geschildert. Je nach Präparat kann es u. a. zu Parkinsonismus (mit Steifigkeit einhergehende Schüttellähmung) kommen, zu Sprechbehinderungen, Blutkrankheiten, Leberzellenschädigungen, Herz- und Kreislaufschäden, Allergien, Mundtrockenheit und Schweißausbrüchen, Sehstörungen, Blickkrämpfen, so daß der Arzt sorgfältig vorgehen muß. *Haldol* (früher: *Haloperidol*) wird nach *Paul Lüth* eine »chemische Zwangsjacke« genannt.[9]
Manchmal verstärken die Mittel auch noch die Krankheit. Zu *Saroten* (Reklame: »Depressiven Patienten das Fenster öffnen«) schreibt *Lüth*: »Vorsicht ist geboten, wenn Wahn vorliegt, also bei Schizophrenen, weil Halluzinationen verstärkt werden können.«[10] Bei *Tofranil* ist darauf aufmerksam zu machen, »daß nach längerer Behandlung eine plötzliche Antriebssteigerung einsetzen kann: Das spielt vor allem dann eine Rolle, wenn die Depression noch weiterbesteht, so daß der Kranke nun selbstmörderische Absichten verwirklichen kann.«[11] Auch *Kurt Heinrich* warnt, es könne »im Rahmen depressiver Erkrankungen zur Stimulierung von Suizidhandlungen durch antidepressive Substanzen kommen«.[12] »Ein weiteres Paradoxon ist die

Ermöglichung trauriger Verstimmung bei melancholischem Nichttraurigseinkönnen.«[13]
Es gilt als ärztliche Regel, Patienten auf Nebenwirkungen der Medikamente vorzubereiten.[14]
Eine weitere Regel besagt, daß die Behandlung nicht auf das Verabreichen von Pillen beschränkt sein darf: »Die Behandlung schizophrener Patienten mit psychotropen Pharmaka hat, wie die Anwendung aller somatotherapeutischer Methoden in der Psychiatrie, die Konzeption eines Gesamtbehandlungsplanes zur Voraussetzung. In einem solchen Plan sind medikamentöse, psychotherapeutische und milieutherapeutische Maßnahmen miteinander verzahnt... Auch die Psychopharmaka sind kein Allheilmittel bei seelischen Störungen. Ihre besondere Bedeutung liegt vielmehr darin, daß sie die Voraussetzungen schaffen, arbeits- und beschäftigungstherapeutische, soziotherapeutische und psychosoziale Behandlungsmethoden überhaupt an den Kranken heranzubringen.«[15]
Die Psychopharmakaverabreichung ersetzt in keinem Fall die Zuwendung und Gesprächsbereitschaft des Arztes: »Ein alter Rat geht dahin, daß man den depressiven Menschen nicht allein mit Arzneimitteln behandeln kann, sondern man es sich nicht verdrießen lassen darf, solchen Kranken – und sei es täglich mehrmals – zu versichern, daß sie wieder gesund werden, wobei man unermüdlich auf ihre seelischen Klagen und körperlichen Beschwerden einzugehen hat. Wer das nicht kann und nicht will, sollte derartige Kranke nicht behandeln.«[16]

Für internierte Regimekritiker wird das Parkinson-Syndrom zu einer H.-Zwangsjacke, in die sie von Ärzten, die unter dem Druck des Komitees für Staatssicherheit (KGB) handeln, gesteckt werden. Das Medikament wird in der Regel erst dann abgesetzt, wenn sich die Qualen bis zur Unerträglichkeit gesteigert haben.

(Aus: ›Mit Medikamenten-Folter gegen russische Regimekritiker‹, *Frankfurter Allgemeine Zeitung* vom 27. 12. 1977)

»Unbestritten ist aber auch«, diese Stimme kommt vom Anstaltspsychiater *Reimer*, »daß auf keinen Fall die medikamentöse Behandlung derart in den Vordergrund rücken darf, daß alle anderen Verfahren in den Hintergrund gedrängt werden. Gerade bei der Einfachheit der Pharmakotherapie ist es verlockend, den Patienten medikamentös problemlos zu machen und ihn zu einem Instrument des Klinikapparates werden zu lassen.«[17] Auf dem Emmendinger Hearing vor dem Ausschuß für Jugend, Familie und Gesundheit wurde 1971 die Praxis der Psychiatrischen Landeskrankenhäuser kritisiert: »Bereits die Notwendigkeit, einen neuaufgenommenen Patienten ohne vorhergehende hinreichende Anamnese erst mit Medikamenten dämpfen zu müssen, damit er in den Rahmen einer überfüllten Aufnahmestation paßt, verhindert das Entstehen einer Kommunikationsbasis.«[17]

Librium
Wie wirkt es?
Mit dieser Substanz begann der unvergleichliche Siegeszug der Reihe der Benzodiazepin-Derivate. Bei Versuchen mit Tieren wurde gefunden, daß die Substanz die Aggressivität ungezähmter Wildtiere dämpft, ohne sie schläfrig und apathisch zu machen... Wie die Substanz im Körper verarbeitet und abgebaut wird, ist noch wenig erforscht...
(Aus: *Paul Lüth*, ›Das Medikamentenbuch‹, S. 157 und 159)

Psychopharmaka, die »Pillenkeule«, wie die Patienten sagen, sind ein verführerisches Mittel, Ruhe und Ordnung auf die Station zu bringen, Patienten einfach »ruhigzustellen« und damit abzustellen, zu verwahren. Eine Verwahrung ist es immer, wenn keine zusätzliche Therapie angewendet wird. Wer so Psychopharmaka anwendet, verwendet sie als medikamentöse Zwangsjacke, ersetzt den körperlichen Zwang durch chemische Gewalt, gebraucht Pillen als chemische Fixierung. Da in den Anstalten kaum jemals ein Arzt Zeit für seine Patienten hat, dies besagt allein der Personalschlüssel, bedeuten Psychopharmaka notgedrungen ein Ordnungsmittel, Dämpfung statt Lösung von Konflikten.

Literatur

1 *Paul Lüth,* ›Das Medikamentenbuch‹, Darmstadt 1976, S. 137 (Hervorhebung v. Verf.).
2 Ebenda.
3 Ebenda, S. 138 (Hervorhebung v. Verf.).
4 *K. Heinrich,* a.a.O., S. 1.
5 Ebenda, S. 9.
6 *M. Bauer, G. Bosch, G. Hofer u. a.,* a.a.O., S. 235 (Hervorhebung v. Verf.).
7 *Th. Spoerri,* a.a.O., S. 203.
8 *K. Heinrich,* a.a.O., S. 16.
9 *P. Lüth,* a.a.O., S. 150.
10 Ebenda, S. 152.
11 Ebenda, S. 153.
12 *K. Heinrich,* a.a.O., S. 76.
13 Ebenda, S. 77.
14 *M. Bauer, G. Bosch, G. Hofer u. a.,* a.a.O., S. 215.
15 Ebenda, S. 231 (Hervorhebung v. Verf.).
16 Ebenda, S. 205 f.
17 *F. Reimer,* a.a.O., S. 277.
18 *Sozialpsychiatrische Information,* Nr. 10/11 1972, S. 148.

10. Der Diagnosehammer

Ursachen und Diagnosen von Geisteskrankheiten sind zweifelhaft, doch die Einstufung des Kranken wirkt vernichtend

Die Ursachen psychischer Erkrankungen sind weithin unbekannt. Nur wenige Erkrankungen sind auf organische Ursachen zurückzuführen, z. B. auf Hirnerkrankungen. Die Ursachen liegen noch im Bereich der Spekulation.

Nehmen wir als Beispiel die Schizophrenie. Die Zwillingsforschung sprach lange für eine eindeutige Anlagebedingtheit der Schizophrenie: »Zu bedenken gibt, daß erbbiologische Untersuchungen der Verwandtschaft Tuberkulöser zu ganz ähnlichen Resultaten führten... Wäre der Tuberkuloseerreger nicht bekannt, würden die Zahlen zweifellos für eine Vererbung der Tuberkulose sprechen!«[1] Auch die intensive Forschung nach biochemischen Ursachen hat keine Ursachen aufgedeckt, verschiedene Stoffwechseltheorien sind wieder still zu den Akten genommen worden.

Die Psychiatrie hat sich in der Vergangenheit zu den irrsinnigsten Ursachen bekannt. So trat 1716 die Theorie in die Welt, Masturbieren führe zum Wahnsinn. Als Strafe für Selbstbefriedigung galt fortan die Geisteskrankheit. 1869 führt *Karl Ludwig Kahlbaum* den Begriff »Katatonie« (mit »Spannungsirresein« übersetzt das Lexikon diesen Ausdruck sehr skurril) für ein Krankheitsbild ein, das nach *Kahlbaum* hauptsächlich durch längere oder exzessive Selbstbefriedigung hervorgerufen wird.[2]

Da man körperliche Ursachen nicht entdecken konnte, biochemische Untersuchungen nur zu verschiedenen, dann widerlegten Theorien führten, hat sich inzwischen (unter dem Einfluß der Kritik derer, die soziale Einflüsse nicht ausblenden wollten) eine Mischform entwickelt. Nun heißt es, die Ursachen seien »multifaktoriell«. Das Wortungetüm meint: Es gibt verschiedene Faktoren, sozusagen von jeder denkbaren Ursache einen Happen. So heißt es in einem Psychiatrielehrbuch für Studierende und Ärzte über die Schizophrenie: »Zusammenfassend gilt für die Schizophrenie eine multifaktorielle Pathogenese (= Entstehung einer Krankheit): Zusammenwirken seelischer (charakterlich-familiär-sozialer) und körperlicher Teilursachen auf der Grundlage einer ererbten Konstitution.«[3] Diese Formel verklumpt sozusagen die Theorien und rettet auch die Vererbungstheorie aus dem Dritten Reich in die Gegenwart hinüber.

Alexander Mitscherlich hat sich in *Krankheit als Konflikt* mit diesem Theorienstreit auseinandergesetzt. Zuerst skizziert er die Grobaufteilung der psychiatrischen Erkrankungsformen: »Die Psychiatrie hat es mit den Geisteskrankheiten, den eigentlichen Verrücktheiten zu tun, die meist in drei große Gruppen eingeteilt werden: die Schizophrenie, das manisch-depressive Irresein und die Dämmerzustände und Verstimmungen, wie sie bei nachweisbaren organischen Hirnstörungen, z. B. bei arteriosklerotischen Veränderungen, auftreten können. Die drei Psychosegruppen werden aber in der Psychiatrie als sogenannte ›endogene‹ zusammengefaßt, womit die Übereinkunft angedeutet ist, daß man für alle diese Krankheiten primäre Veränderungen im körperlichen Geschehen annimmt, also am Gehirn oder auch an den anderen Organen, die auf Hirnabschnitte in irgendeinem unbekannten Zusammenhang materieller Beeinflussung einwirken.«[4]

Mitscherlich wundert sich: »Die erfolglose Forschung nach den primären Krankheitsursachen im Hirnorgan dauert jetzt schon mindestens hundert Jahre. Wenn auch der Eifer rühmenswert ist, so ist man doch nach dieser Zeit berechtigt zu fragen, warum die Forschung nicht eine Richtungsänderung ihres Suchens vornehmen mochte.«[5] In diesem Zusammenhang sind natürlich auch die Psychopharmaka zu sehen, die nicht antipsychotisch wirken, nicht gegen die Psychose, sondern auf das Hirn einwirken.

Vielleicht ist die Tatsache, daß es der Psychiatrie bislang nicht gelungen ist, die Ursachen dingfest zu machen, ein unbewußtes Motiv, die Träger der unbekannten Erkrankung therapeutisch zu quälen. *Mitscherlich*: »Der Geisteskranke, der die Konventionen seiner Gesellschaft nicht einhält, hat in der christlichen Zivilisation lange eine Behandlung erfahren, die sich nicht von der des Verbrechers unterschied. Diese Sitten haben sich bis zu den erst in jüngster Zeit entwickelten erregungsdämpfenden Drogen (die immer noch keine kausale Therapie darstellen) nur wenig gemildert: Quälen, Erwecken von Todesangst, technisch perfektionierter Elektroschock.«[6] Und, so muß man dieser Aufzählung hinzuführen: Gehirnchirurgie. So, als könne man abnormes, anormales Verhalten wegoperieren.

Eine Einführung in die Psychiatrie hat Konsequenzen gezogen

und Fachausdrücke wie »Verblödung«, »schizophrener Defekt« usw. aus dem Wortschatz gestrichen. Sie räumt ein, das Erkennen von Ursachen bei den oft »endogen« genannten Psychosen sei unmöglich, »und das psychiatrische Erkennen quittiert diese skandalöse Lücke in der Kausalgleichung seit Jahrzehnten mit Verlegenheitstheorien... Der Begriff ›endogen‹ wurde in diesen Texten allenthalben in Anführungszeichen gebannt. Er ist ein Unding.«[7] Dies ist ein gutes Beispiel ehrlicher Psychiatrie, die auf den Anspruch verzichtet, allmächtig, allwissend zu sein, obgleich sie bislang im Nebel von Theorien herumstochert.

Auch die Frage, wie man eine Geisteskrankheit erkennt, wie man sie diagnostiziert, ist sehr umstritten. Die Psychiatrie ist oft auch leichtfertig mit Diagnosen umgegangen. Beispielsweise hat der Psychiater *Hoche* die Vertreter der Psychoanalyse für »reif für das Irrenhaus«[8] erklärt. Er hat auch *Spartakisten* der sogenannten deutschen Revolution von 1919 für Geisteskranke gehalten oder ihre Geisteskrankheit als für erwiesen erklärt.[9] Der Ausdruck »linke Spinner« ist ein handelsüblicher Ausdruck, »rechte Spinner« gibt es dagegen nicht. Der Psychiater *C. Th. Groddeck* baute seinen Doktor mit der Dissertation *Über die demokratische Krankheit, eine neue Wahnsinnsform.*[10] Das Ärgernis, daß sich die Psychiatrie auch politisch mißbrauchen ließ, politische Regime-Gegner mit »Diagnosen« liquidiert, ist nicht aus der Welt zu schaffen.

Der Psychiater und Psychiatriekritiker *Szasz* schreibt, »daß es kein Verhalten und keine Person gibt, die ein moderner Psychiater nicht schlüssig als abnorm oder krankhaft diagnostizieren könnte.«[11] Ein schönes Beispiel schildert dazu, selbstironisch, *Bürger-Prinz* in seiner Lebensgeschichte. 1928 fuhr *Bürger-Prinz* nach Paris. Der Psychiater *Claude* gibt ihm eines Tages einen Mann zur Untersuchung, den er im Kolleg »vorführen« soll.

Rein diagnostisch bereitet dieser Mann *Bürger-Prinz* kein Kopfzerbrechen. Der Mann verspricht für das Kolleg eine »sehr ergiebige Demonstration«. Das weitere schildert *Bürger-Prinz* so:

»Die Präsentation verlief glatt, und nicht ohne Genugtuung bemerkte ich, daß Professoren wie Studenten meinen Ausführungen mit hohem Interesse folgten. Besonders die Professoren und Assistenten lauschten mir mit einer gespannten Aufmerksamkeit, die mich hätte vorwarnen sollen. Abschließend fragte *Claude*, was ich denn nun von dem Mann hielte. Ich antwortete, das sei selbstverständlich eine Manie. Die nächsten Sekunden und Minuten – das darf ich wirklich ohne Übertreibung sagen – waren schrecklich. Das ganze Kolleg barst in einem Gelächter, das mich völlig betäubte. Vor allem *Claude* rang vor Lachen mit dem letzten Atem.«[12] Der Grund der Heiterkeit: *Bürger-Prinz* hatte einen kerngesunden Südfranzosen anhand seines südländischen Temperaments für geisteskrank erklärt.

Nehmen wir das Beispiel »Schizophrenie«. Der Psychiater ist bei der Diagnose auf das Verhalten des Patienten angewiesen, denn man kann die Krankheit ja nicht per Blutuntersuchung feststellen oder wie man sonst einen Krankheitserreger feststellt. Statt dessen geht man von Symptomen, Krankheitsmerkmalen, aus: Sinnestäuschungen, Wahnideen, Gedächtnisstörungen, Sprachstörungen, Bewegungszwang usw. Doch besonders bei einer langsam, »schleichend« verlaufenden Krankheit sind die Symptome nicht immer so eindeutig da, oder aber, genau umgekehrt: im Verlauf von Neurosen können schizophrenie-verdächtige Symptome vorhanden sein, ohne daß eine Schizophrenie entsteht.

Die Soziologin *Marianne Krüll* hat Psychiateräußerungen gesammelt, wie diese in zweifelhaften Diagnose-Fällen vorgehen. *Bleuler* sprach von der »klinischen Erfahrung«, *Schneider* ebenso, und *Kolle* verließ sich auf seinen »klinischen Blick«.[13] Das sind sehr subjektive Maßstäbe für ein »objektives« Urteil, das für den Patienten lebensbestimmend wird. Besonders widersprüchlich wird es dann, wenn von dem der Schizophrenie Verdächtigen Krankheitseinsicht verlangt wird. Sieht er es ein, klar, dann stimmt die Diagnose. Hat er aber keine Krankheitseinsicht, dann verkennt er die Realität und ist auch krank. Der »Verdächtige« ist in einer unentrinnbaren Lage.

Nimmt man den Symptomkatalog zur Hand, stößt man auf ein Merkmal, das heißt »Wortsalat«[14]. Der Fachmann weiß Bescheid, was gemeint ist. Doch geht man als Laie an diesen Begriff, entdeckt man den Wortsalat bei den Psychiatern selber: *Spoerri* schreibt von »Ent-Ichung«.[15] Klingt das nicht auch »schizophren«? Liest man Arztberichte, in denen Patienten als »klebrig«, »dumm-dreist«, »albern«, »süßlich«, »schmierig« bezeichnet werden oder nimmt man das beliebte Psychiatrie-Wort »läppisch«, dann ist dies selbst läppisch, albern. Denn es hat mit »medizinischer« Fachsprache nichts gemein, sondern entstammt lediglich dem Moralkatalog des Psychiaters.

Wenn ein Arzt schreibt, die Patientin habe bei der Aufnahme »etwas einförmig gejammert«, habe »einige Tränen herausgepreßt«, so liegt darin nicht mehr nur Distanz zum Patienten, sondern ihm wird schon feindselig gegenübergetreten. Als besonders kraß empfinde ich ein Gutachten eines Psychiaters, der die Unterbringung eines Patienten so begründet: Es handelt sich »bei unserem ... Patienten um einen mäßig schwachsinnigen, gemütskalten, verlogen, zu ständigen Disziplinwidrigkeiten und zur Komplottbildung neigenden gemeingefährlichen und unter Umständen sich selbst erheblich schädigenden Psychopathen.« Der Patient ist weiterhin »von serviler, klebriger Freundlichkeit, zu anderen Zeiten dumm-dreist, herausfordernd, in demonstrativer Weise plump, zynisch und distanzlos«. Als abnorm gefühlskalt empfinde ich diesen Gutachter; man kann die Patienten bedauern, die ihm in die Hände fallen.

Die Symptome, die als Krankheitszeichen gelten, sind natürlich vom sozialen Umfeld des Arztes abhängig, von seiner Erziehung. Und was in dieser mitteleuropäischen Kultur abnorm eingestuft wird, gilt unter Umständen in anderen Kulturen als normal. Die Festlegung eines Verhaltens als »krank« kann nicht mehr als ganz so objektiv gelten. *Marianne Krüll* hat die Frage nach der gesellschaftlichen Schizophrenie aufgeworfen: »Wir loben die Bescheidenheit als Tugend, aber als Vorbilder lassen wir uns berühmte, reiche und mächtige Individuen präsentieren.«[16] Sie geht so weit, zu fragen, »weshalb eigentlich nicht viel mehr Menschen in unserer Kultur ›schizophren‹ sind, weshalb es so viele gibt, die diese horrenden Widersprüche so widerspruchslos hinnehmen, weshalb wir eine Orientierung für ›normal‹ halten, die uns zu Verdrängungen, Verleugnungen, zu Abspaltungen unseres Denkens zwingt, während wir Menschen, die diese Widersprüche als Konflikte ihrer eigenen Person erleben, für ›verrückt‹, für ›krank‹ erklären.«[17]

Auch die Tatsache, daß Patienten von Anstalt zu Anstalt verschiedene Diagnosen, durchaus widersprüchliche, abbekommen, muß nachdenklich stimmen. Und auch, in welch hohem Maße »die soziale Klasse darüber entscheidet, welche Diagnose gestellt und welche Behandlung von welcher Dauer geführt wird«.[18] Ein Arzt sagte einmal in meinem Beisein einer Patientin: »Als Sie noch Geld hatten, durften Sie draußen leben, und man knöpfte Ihnen das Geld ab und behandelte Sie auf ›Neurotikerin‹. Als Sie kein Geld mehr hatten, waren Sie eine ›Geisteskranke‹ und mußten in die Anstalt!«

Der holländische Psychiater *Jan Foudraine* beschreibt, welche Funktion eine Diagnose für den Arzt haben kann. Er müht sich, mit einem Patienten in Kontakt zu kommen, vergebens. »Ich begann mich nun auch daran zu erinnern«, beschreibt er seine Selbstbeobachtung, »daß Karl als ›Defektschizophrener eingestuft war, und ich erlebte diese ›Diagnose‹ als eine gewisse Befreiung. Heute sehe ich es eher so, daß das vielleicht eine der wenigen Funktionen sein mag, die diese Form des Diagnostizierens erfüllt! Wenn wir unsere hartnäckigen Versuche zur Kontaktwiederherstellung nicht von Erfolg gekrönt sehen, verleiht uns der Rückgriff auf eine bestimmte Form der Benennung, mit der die Assoziation ›krank, defekt usw.‹ verbunden ist, ein Gefühl der Erleichterung, weil wir glauben, wir hätten es mit einer menschlichen Existenzform zu tun, die durch körperliche Krankheitsprozesse so gestört ist, daß eine menschliche Begegnung nicht stattfinden kann und infolgedessen auch gar nicht unbedingt stattfinden muß.«[19]

In einem Grundriß der Psychiatrie beschreibt *Gerhard Kloos* 1969 die Schizophrenie als einen Prozeß, der den Patienten zum Verfall, zum Defekt hin führt und damit hoffnungslos macht: »Als Schizophrenie faßt man eine Gruppe von erblichen ... Geisteskrankheiten zusammen, die größtenteils mit Denkzerfall, Antriebs- und Ichstörungen sowie absonderlichem, uneinfühlbarem Verhalten einhergehen und oft in chronisch fortschreitendem oder schubweisem Verlauf zu dauernden Wesensveränderungen (Defekten) führen.«[20] Auch *Spoerri* berichtet in seinem *Kompendium der Psychiatrie*, Schizophrenie führe häufig »zu einem Defekt oder zur schizophrenen Verblödung, zur Demenz«.[21]

Hier wird die Diagnose zum Fallbeil. Sie erledigt einen Menschen zum schizophrenen Defekt, der zu erwarten ist, auch wenn die Lehrbücher hinzufügen, daß eine Heilung zu 25 Prozent stattfinde und »nur« 50 Prozent zum Defekt, 25 Prozent zur Demenz führen. Deshalb warnte Professor *Rainer Tölle* aus Münster 1977 vor dem Vorurteil, das auch bei Ärzten noch nicht überwunden sei, die Schizophrenie könne sich nur verschlechtern und sei unheilbar.[22]

Gleich wieviel Prozent »Heilungen« in den Psychiatrie-Lehrbüchern angegeben werden, die Patienten merken sehr deutlich, wie sie eingestuft und dann auch behandelt werden. Wer einmal deklariert ist, abgestempelt mit der Diagnose »geisteskrank«, kann jederzeit wieder zwangsweise asyliert werden (– inhaftiert werden, kann man angesichts der Lage der Psychiatrie ruhig hinzufügen). Diesen Makel wird der Patient nicht los, er spürt ihn, er wird danach behandelt. Der Diagnose-Hammer hat zugeschlagen. Als Krankheitszeichen der Psychiatrie definiert ein Lehrbuch: »Das Selbstverständliche unserer Konventionen ist nicht mehr selbstverständlich; das Natürliche wird problematisch.«[23] Unter diesem Gesichtspunkt hätte man alle Denker, Philosophen, Dichter, alle sensiblen Menschen überhaupt einsperren müssen. Konventionen, das heißt, Herkommen, Brauch, Förmlichkeit, sind nie selbstverständlich. So konform mit gängigem gesellschaftlichen Brauchtum kann Psychiatrie sein. Wer gegen die formulierten Bräuche verstößt, ist schizophrenie-verdächtig. Da werden Diagnosen sinnlos, werden Normen ver-rückt, da wird die Psychiatrie schizophren.

Literatur

1 *M. Bauer, G. Bosch, G. Hofer u. a.*, a.a.O., S. 221.
2 *Th. Szasz*, a.a.O., S. 415.
3 *Th. Spoerri*, a.a.O., S. 81.
4 *Alexander Mitscherlich*, ›Krankheit als Konflikt. Studien zur psychosomatischen Medizin I‹, Frankfurt 1968, S. 60f (Hervorhebung v. Verf.).
5 Ebenda, S. 61.
6 Ebenda.
7 Ebenda, S. 14.
8 *Psychiatrische Gesellschaft Freiburg (Hg.)*, ›Der Fall Rieger‹, a.a.O., S. 63.
9 Ebenda.
10 *psychologie heute*, Nr. 8/1976, S. 14/85.
11 *Th. Szasz*, a.a.O., S. 73.
12 *H. Bürger-Prinz*, a.a.O., S. 73.
13 *M. Krüll*, a.a.O., S. 35.
14 *Th. Spoerri*, a.a.O., S. 83.
15 *M. Krüll*, a.a.O., S. 38.
16 Ebenda, S. 55.
17 Ebenda.
18 *Hans Strotzka*, ›Einführung in die Sozialpsychiatrie‹, Reinbek (rororo-studium 14) 1972, S. 70.
19 *Jan Foudraine*, ›Wer ist aus Holz. Neue Wege der Psychiatrie‹, München 1971 (auch als dtv-Bd. 1163), S. 32 (Hervorhebung v. Verf.).
20 *M. Krüll*, a.a.O., S. 14.
21 *Th. Spoerri*, a.a.O., S. 88
22 *Frankfurter Allgemeine Zeitung* v. 1. 6. 1977.
23 *Th. Spoerri*, a.a.O., S. 79.

11. Eine »Heilpädagogische Behandlung«

Was einer Frau nach einem Selbstmordversuch passierte

Nach einem Selbstmordversuch beredete mich der Arzt auf der Intensivstation, mich doch einer »heilpädagogischen Behandlung« zu unterziehen, damit meine Konflikte gelöst würden. So landete ich in einer Nervenklinik in Norddeutschland. Ich war sehr erstaunt über das Schlüsselklirren und Türenabschließen, da der Arzt im Krankenhaus mir verschwiegen hatte, daß ich in eine geschlossene Anstalt gebracht würde. Über das allgemeine Verhalten der Ärzte und des Pflegepersonals kann ich mich nicht beschweren. Die Schwestern müssen manchmal eine sehr große Geduld haben.

Die Station war mehr ein Sammelbecken oder Aufbewahrungsort und die Therapie beinahe ausschließlich Chemo-Therapie. Die Patienten waren meist sich selbst überlassen. Beschäftigungslos gingen sie zwischen den Betten hin und her, saßen herum oder schliefen. Eine Schwester wurde von einigen daraufhin angesprochen. Sie meinte, in größeren Anstalten sei dies anders. Die hätten Langzeitpatienten. Dort sei es wie in einer großen Familie. Hier sei Durchgangsverkehr. Für mich dehnte sich der Tag wie ein alter, zäher Kaugummi. Die Schwestern versuchten manchmal, Anstöße zu einer Beschäftigung zu geben. Die Ärzte kümmerten sich darum gar nicht. Nach der Visite verschwanden sie plötzlich, wie sie aufgetaucht waren, und manchmal sah man sie sonst noch, wenn man zu einem der seltenen Gespräche geholt wurde. Bei mir zweimal, um die Anamnese aufzunehmen und einen einzuordnen.

Mir wurde eine apathische Frau, die nicht sprach, in den Arm gehängt, mit dem Auftrag, in dem winzigen Gärtlein, mit um so höherem Bretterzaun, unsere Kreise zu ziehen. Einige Aktive sollten mit den Teilnahmslosesten »Mensch ärgere dich nicht« spielen. Das schlug dann fehl, weil selbst die Konzentration auf ein einfaches Würfelspiel von ihnen nicht aufgebracht werden konnte. Sie waren ganz auf sich zurückgezogen und hätten wohl einer anderen Beschäftigungstherapie bedurft.

Die beiden Klos, zu den Waschbecken mußte man durch den ganzen Saal, waren immer gut frequentiert. Wohl wegen der

freizügig verteilten Abführmittel. Eine Schwester ging mit der Stuhlgangliste herum, und wenn zweimal kein Strich gemacht werden konnte, wurden verschiedene Mittel verabfolgt. Nachdem ich daraufhin starken Durchfall bekam, bejahte ich immer die Frage. Eine Patientin sagte mir, nach zwei Abführzäpfchen dachte sie, es zerreißt ihr die Gedärme. Es sei eine halbe Geburt gewesen. Sie mußte tatsächlich ewig rennen. Wirkungsvolle Bewegungstherapie! Die weitverbreitete Obstipation hatte eventuell auch ihre Ursachen in den häufigen Störungen: Hatte man sich gemütlich niedergesetzt, ging oft die nicht verschließbare Tür auf. Erstauntes und ärgerliches Glotzen auf beiden Seiten. Tür wieder zu. Einmal riß eine Schwester die Tür auf: »Ach, ich dachte, Sie wollten hier rauchen.«
Als ich nach einigen Tagen merkte, was hier so lief, ärgerte ich mich ziemlich. Es war doch ein Warten auf Godot. Warten, warten, warten, und nichts geschah. Ich sprach mit einigen anderen darüber, daß man nur mit Medikamenten vollgestopft wurde und sonst nichts geschah. Eine Frau gab die Adresse eines kostenlosen Beratungsdienstes, von der evangelischen Kirche organisiert, weiter. Dort wollte sie sich nach ihrer Entlassung melden, um sich richtig auszusprechen, was sie hier sehr vermißte.
Dann sprach ich meine Entlassung immer wieder bei den Visiten an, und die kam dann sehr schnell. Einer Schwester sagte ich, daß ich zum Wochenende entlassen werden wollte. Sie fragte, ob ich mich denn gesund fühle. Ich antwortete vorsichtig: »So richtig noch nicht. Aber hier werde ich es auch nicht.« Zu meiner Verblüffung gab sie mir recht: »Nein, hier werden Sie auch nicht gesund.« Der Aufenthalt hat mir nichts genützt. Der Psychiater aus der Klinik behauptete in seinem Bericht, der zu einem richtigen Rundschreiben ausartete (mein Hausarzt, mein Psychiater, die Intensivstation bekam einen), ich hätte vorher schon Schlafmittel als Aufputschmittel mißbraucht. Mein Arzt fragte mich danach, sonst hätte ich von dieser Falschinformation nie etwas erfahren. Ohne daß die Patienten es je erfahren, können solche Behauptungen in Umlauf gebracht werden.

12. Zu psychisch Kranken führen keine Ufer

Die dogmatische Verblendung macht aus Kranken Psycho-Monster

Ein entscheidender Faktor für die »Heilung« des Patienten ist das Verhältnis zwischen Arzt und Patient. Die Psychiater erklären den trostlosen, menschenunwürdigen Zustand der Psychiatrie mit den Mängeln in der Institution, wie sie in der Psychiatrie-Enquete hinreichend aufgedeckt sind. Und tatsächlich ist der Personal-Schlüssel Arzt pro Patienten so ungünstig, daß dem Arzt keine Zeit zu einer intensiven Zuwendung zum Patienten bleibt. Die Frage ist aber, ob der Arzt es – auf Grund des Krankheitsbildes von psychischen Erkrankungen – überhaupt will.
Der Arzt ist der Therapeut. Das griechische Wort »therapeuein« hat einen Doppel-Sinn, heißt »heilen« und auch »dienen«, was wohl Zuwendung beinhaltet. *Jan Foudraine* sieht rückblickend in seiner Tätigkeit als Psychiater eher das Gegenteil: Er schildert, daß er sich als Examenskandidat auch gedankenlos daran beteiligt hat, »Schizophrene« zu Demonstrationszwecken herbeizuschaffen, wo man die »Verrückten« dann wie Monster vorführte und befragte. (*Bürger-Prinz*: »Unseren Studenten führte ich einmal einen jungen Mann vor...«[1]) Man fragte, ob sie männliche oder weibliche Stimmen hörten, ließ sich Verfolgungsphantasien demonstrieren, erklärte Patienten für »Defekte« und ansonsten: »Wir hatten nicht die leiseste Ahnung, daß sich in einer solchen Situation schwerlich ein echter Kontakt, ein Austausch von Gefühlen entwickeln konnte.«[2]
Sie entwickelten eine Technik, peinlichen Fragen auszuweichen und klopften statt dessen den »Defekten« gönnerhaft auf die Schultern und plapperten ein paar aufmunternde Phrasen. Für *Foudraine* wurden die »völlig willkürliche Etikettierung von Menschen, die Bedienung des Elektroschockgeräts und die Verabreichung großer Mengen von Tranquilizern«[3] zum Trauma. Er spürte, daß man sich an einen Haufen konventioneller Begriffe klammerte und sich mit einer psychiatrischen Aura umgab. Sonst nichts.
Der Patient merkt, »daß der Untersucher seine Symptome nicht als Kommunikationsversuch würdigt, sondern sie eher als Äußerung eines Krankheitsprozesses, einer zerebralen Entgleisung

ansieht.«[4] Es gibt keinen Austausch, denn der Psychiater deckt nur Defekte eines Defekten auf. Er versteht sich nicht auf Kommunikation und kann sie von seinem Verständnis her auch nicht wollen.

Thomas J. Scheff belegt in seinem Buch *Das Etikett ›Geisteskrankheit‹** genau diesen Sachverhalt mit dem Zitat eines Patienten: »Wir Schizophrenen tun und sagen eine Menge dummes Zeug, das gar nichts bedeutet, dann aber verquicken wir es mit Wichtigem, um zu sehen, ob der Doktor so viel Interesse hat, daß er es überhaupt bemerkt oder irgendwie fühlt... Es ist ein schreckliches Gefühl merken zu müssen, daß der Doktor nicht verstehen kann, was man denkt und fühlt, und einfach fortfährt, es besser zu wissen.«[5]

»Der Mensch, der eine bizarre Idee, wenn man so will, eine Wahnidee formuliert, stellt dem Psychiater dabei auch die Aufgabe, zu raten, was dahintersteckt. Das heißt, daß der Psychiater veranlaßt wird, seinen Versuch aufzugeben, den Patienten dazu zu bewegen, sich dem allgemein geltenden Sprachgebrauch anzupassen«, schreibt *Foudraine* fast gleichlautend[6]. Das sei die Bitte des Patienten an den Psychiater, kein Untersucher (Spion) zu sein, der nur aufdeckt, die Mängel katalogisiert und etikettiert, sondern Psychotherapeut, der hilft und tiefer verstehen will.

Die Psychose ist für *Foudraine* eine »Begegnung des Menschen mit jenem Teil seines Lebens, den er nicht zu leben wagte, so stellt sie den Patienten und seine Psychiater unweigerlich vor die Frage nach dem Sinn dieser Katastrophe. Man kann dieser Frage ausweichen.«[7] Und damit sind dann Pillen und Etikette gemeint.

Die deutsche Psychiatrie geht nur in Ausnahmefällen diesen Weg mit dem Patienten. Die Schulpsychiatrie, die herrschende Psychiatrie, denkt anders. *Bürger-Prinz:* »Brücken lassen sich nur von Ufer zu Ufer bauen, aber die Welt des Hochabnormen oder gar Kranken sind keine Ufer, schon gar keine, auf denen sich's so wie drüben weiterbauen läßt.«[8] Der verstorbene Hamburger Psychiater spricht sogar davon, es sei notwendig »die Kraft aufzubringen, sich an der Person eines Kranken nicht zu eng zu engagieren.«[9] Sein ehemaliger Assistent *Bochnik* rapportiert diese Erkenntnis: »Die Medizin hat dort große Erfolge errungen, wo sie von der Individualität ihrer Patienten absehen konnte.«[10]

* Frankfurt (S. Fischer Verlag, Reihe: Conditio Humana) 1973

Wer so spricht, kann leicht zum Feind des Patienten werden. Wer ein solches Krankenbild, Menschenbild mit sich trägt, ist zur Kommunikation mit dem Kranken untauglich, er kann allenfalls den Detektiv spielen, der Defekte aufspürt und mit seinen Mitteln bekämpft. Auch *Spoerri* lehrt seinen Studenten den »schizophrenen Defekt« und die »schizophrene Verblödung«[11]. Der entlassene Patient wird bei ihm zu einem »anstaltsentlassenen Schizophrenen«[12], das heißt: Etikett drauf, Patient eingeordnet, in Krankenakten eingeordnet, Schluß.

Andere Etiketten sind Ausdrücke wie »affektive Verblödung«, »Verödung« oder »Versandung«. Warnend schreibt deshalb die Psychiatrie-Einführung von *Bauer, Bosch, Kisker u.a.*: »Dabei ist die Intelligenz im engeren Sinne nicht betroffen und auch die Möglichkeit differenzierter affektiver Beteiligung ist nicht prinzipiell erloschen: Auch ein scheinbar vollkommen ›verblödeter‹ langjähriger Anstaltspatient, der in totaler Kommunikationslosigkeit und ohne jede erkennbare emotionale Regung dahinzuvegetieren scheint, kann plötzlich durch erstaunlich differenzierte Leistungen und nuancierte Stellungnahmen auffallen.«[13]

Die Autoren schließen daraus: »Es kann kein Zweifel mehr darüber bestehen, daß ein Teil der früher in unseren Anstalten so häufig anzutreffenden schweren und bizarren Formen des schizophrenen Persönlichkeitszerfalls Anstaltsartefakte – Produkte der Hospitalisierung, der extremen Passivierung und des damit verbundenen Verlust der zwischenmenschlichen Beziehungen – gewesen sind.«[14] Eindringlich wird gewarnt, Kranken die volle persönliche Zuwendung zu versagen.

Erich Wulff sieht den Zustand der Psychiatrie historisch bedingt, weil nach 1945 die ärztliche Besetzung der Krankenhäuser kaum wechselte und deshalb eine »therapeutisch nihilistische Verwahrpsychiatrie an der Macht (blieb), die ihre theoretischen Voraussetzungen nie in Frage gestellt hatte. Der Zusammenhang von Erblichkeitshypothese der Geisteskrankheiten, Rassenhygiene, dem Unverständlichkeitsdogma der Psychopathologie, was die Psychosen angeht und dem faschistischen Gedankengut blieb ebenso unbefragt wie die Bedingtheit der psychiatrischen Theorie und Praxis durch die ökonomischen und politischen Verhältnisse.«[15]

Auch die Lehrstühle blieben, mit Ausnahmen, in den Händen der alten Psychiatrie *(Kurt-Schneider-Schule)*. Ohne auf den Theorienstreit eingehen zu wollen, kann man sagen, daß ihre Anhänger davon ausgehen, daß ein Abgrund Gesunde und

»Abnorme« trennt (siehe das *Bürger-Prinz*-Zitat) und daß Psychosen uneinfühlbar sind. *Wulff*: »... Jeder Versuch, psychotisches Erleben zu verstehen, (wurde) als törichter Dilettantismus oder, schlimmer, als Ausfluß wissenschaftsfeindlicher Ideologie verketzert. Bereits ein näherer Umgang mit psychotischen – insbesondere schizophrenen – Kranken bedurfte zu Beginn der fünfziger Jahre eines komplizierten Rechtfertigungs- und Entschuldigungsritus: zum Beispiel der Versicherung, es handele sich lediglich um ›Explorationen‹ oder um belanglose Plaudereien, nicht aber um einen heimlichen Therapieversuch, von dem man ja wisse, daß er bei endogenen Psychosen aussichtslos sei.«[16]

Der Umgang mit psychotischen Patienten wurde verketzert. Eine mitfühlende, einfühlende Beziehung mit der Verrücktheit war ja nicht möglich. Und man verkehrte zur Verketzung Begriffe ins Gegenteil um, »daß diejenigen, die an einem Dogma zweifelten, als Dogmatiker und Ideologen abgestempelt wurden, diejenigen, die eine empirische Überprüfung vornehmen wollten, als dilettantische Stümper«[17] dastanden. So geschah es, daß diejenigen, die an den Dogmen der alten Psychiatrie (die noch gegenwärtige Psychiatrie ist) zweifelten, zu Anti-Psychiatern verurteilt wurden. Die Heilslehre (für den Patienten eine Unheils-Lehre) wurde verteidigt, indem die Befrager zu Häretikern erklärt wurden.

Die Teufelei hat Vorteile: Erleidet ein Patient einen Rückfall (ein Ausdruck aus dem Strafvollzug: Rechtsbrecher, Kriminelle werden bekanntlich »rückfällig«), dann ist die Krankheit schuld, dann ist dies Ausfluß der Unheilbarkeit der Krankheit. Das Unvermögen des Arztes, das könnte es ja vielleicht auch unter Psychiatern geben, wird nie als Faktor in Betracht gezogen. Auch hier nimmt die Psychiatrie innerhalb der Medizin eine Sonderstellung ein: Beispielsweise wechselt der Allgemeinmediziner eine Behandlungsmethode, wenn er merkt, daß die geübte Behandlung nicht zur Heilung führt. In der Allgemeinmedizin wird nicht ausgeschlossen, daß ein Patient falsch behandelt oder nicht richtig operiert wurde, in der Psychiatrie trägt die »Krankheit« stets die Schuld. Die Unheilbarkeit, auf die man sich immer zurückziehen kann, ist dann eben schuld.

Genau so wird dem Patienten gesagt, er müsse kooperieren. Gelingt die Kooperation nicht, liegt es am Patienten, an seiner Krankheit. Daß es am Arzt liegen könnte, ist außer Sichtweite, wird nicht gesehen. Der Kranke trägt zu seinem Leiden auch noch die Schuld.

Asmus Finzen hat die Ohnmacht des Patienten sehr anschaulich beschrieben: »Er ist gezwungen, sein Sozialverhalten anstaltsspezifisch auszurichten. Er muß sich an den Interessen der Verwaltung, den Definitionskriterien der Ärzte, der Arbeitszeit und der Arbeitsproblematik der Pfleger orientieren, um sich zurechtzufinden und im sozialen Sinne zu überleben. Ohne eigene Eingriffsmöglichkeit ist der Insasse der Macht der Behandler ausgesetzt. Er hat keine faktisch wirksame dritte Instanz zwischen sich und denen, die ihn verwalten und behandeln. Er wird verlegt, sediert und Mängeln ausgesetzt, die als ›therapeutisch‹ unanfechtbar sind. Interaktionen in der klassischen Psychiatrie sind sternförmig auf das Personal bezogen. Das Personal weiß, was dem Patienten fehlt und gut tut, der Patient weiß nichts. Der einzelne Insasse ist einzelner Kranker, um dessen Wohl man sich schon kümmert. Von den Mitinsassen hat er nichts zu erwarten. Und wehe, er zweifelt an der Heilungsfähigkeit des Personals: Um so kränker muß er sein. Der Insasse muß sich an der Anstalt bewähren.«[18] Man kann dankbar sein, von einem Psychiater eine so engagierte Parteinahme zugunsten seiner Patienten zu hören.

Leider bilden Psychiater wie *Finzen* noch die Ausnahmen. Kehren wir an den Anfang dieses Kapitels zurück. Die Frage war, ist der Zustand der gegenwärtigen Psychiatrie nur aus den Mängeln zu erklären, die in der Institution »Anstalt« liegen (zu wenig Betten, alte Gebäude, Personalschlüssel usw.)? Die Antwort lautet: Nein. Das Elend der Psychiatrie ist das Elend der Psychiater und ihrer psychiatrischen Theorien. Die herrschende Psychiatrie ist anti-psychiatrisch, in Lehre und Praxis. Sie gestehen wohl einem Teil der Kranken eine Heilung zu, doch die in ihre Hände gelangen und dabei hospitalisiert werden, sind mit dem Vor-Urteil belegt, daß zu ihnen keine Brücken des Verstehens führen, daß ihr Erleben uneinfühlbar bleibt. So ist dann eine Dauerverwahrung zu verantworten, das Niederknüppeln psychischer Leidens-Erfahrung mit der Pillenkeule. Wer in den Kategorien von »Defekten« und »Verblödung« reden kann, ohne den Anteil der Verwahrpsychiatrie an dem Elend der Kranken zu sehen, betreibt in dogmatischer Verblendung sein psychiatrisches Handwerk. Ein Handwerk, das dann tatsächlich zum dauerhaften Niedergang seelisch Leidender führt, zur Dauer-Asylierung und Inhaftierung, zum Erschlagen ihres Empfindens und Fühlens. Wer so handelt, macht aus seelisch Kranken Psycho-Monster, die man mit ihren »Defekten« zur psychiatrischen Vorlesung vorführt.

Literatur

1 *H. Bürger-Prinz*, a.a.O., S. 191 (Hervorhebung v. Verf.).
2 *J. Foudraine*, a.a.O., S. 22.
3 Ebenda, S. 24.
4 Ebenda, S. 110.
5 Zit. nach: *M. Krüll*, a.a.O., S. 56f.
6 *J. Foudraine*, a.a.O., S. 101.
7 Ebenda, S. 112.
8 *H. Bürger-Prinz*, a.a.O., S. 257.
9 Ebenda, S. 286.
10 *R. Degkwitz*, in: *Ärztliche Praxis*, a.a.O.
11 *Th. Spoerri*, a.a.O., S. 88.
12 Ebenda, S. 89.
13 *M. Bauer, G. Bosch, G. Hofer u.a.*, a.a.O., S. 237.
14 Ebenda, S. 239.
15 *Erich Wulff*, ›Psychiatrie und Klassengesellschaft. Zur Begriffs- und Sozialkritik der Psychiatrie und Medizin‹, Frankfurt 1972, S. 2.
16 Ebenda.
17 Ebenda, S. 3.
18 *A. Finzen*, a.a.O., S. 3.

13. Verwahrt wie alte Möbel ...

Bericht einer Gruppe Jugendlicher über eine geriatrische Station

Haus 14 gehört zu den Renommierstationen des Landeskrankenhauses L., weil es nämlich – im Gegensatz zum weitaus größten Teil der 28 Häuser – renoviert und modern ausgestattet ist.
Das heißt, es schlafen nicht zwischen 8 und 25, sondern 3 bis 8 Personen in einem Raum.
Bad und Küche sind hygienisch und gepflegt, sämtliches Mobiliar ist abwaschbar und der Linoleumfußboden glänzt immer frischgeputzt – insgesamt wirkt diese Ansammlung von Properheit ziemlich steril, daran ändert weder der Farbfernseher etwas noch die auf die Schränke geklebten Micky-Mäuse.
Im Aufenthaltsraum stehen etwa 6 Tische, an denen jeweils 4 Personen sitzen, größtenteils alte Männer, die von ihren Familien abgeschoben wurden, weil sie auf Grund ihres körperlichen oder geistigen Verfalls nicht länger tragbar erscheinen, außerdem ein etwa 40 Jahre alter Schwachsinniger, ein zwanzigjähriger Junge, der angeblich schizophren und ein 35jähriger Mann mit multipler Sklerose, ein Nervenleiden, der geistig völlig normal ist.
Was mich beim ersten Besuch am meisten erschütterte, war die bedrückende Stille, die meisten Männer sitzen schweigend auf ihren Stühlen und starren schweigend vor sich hin, ganz wenige führen Selbstgespräche; daß sich zwei unterhalten, habe ich nie gesehen.
Die Atmosphäre hat etwas von vorweggenommenem Tod: Die Patienten werden verwahrt wie alte Möbel, aber was das Leben vom bloßen Vorhandensein unterscheidet, nämlich Kommunikation mit anderen, fehlt völlig. Die drei Pfleger, die tagsüber auf der Station Dienst machen, sind beschäftigt mit der körperlichen Pflege der stumm und starr herumsitzenden Männer oder regungslos im Wachsaal im Bett liegenden Pflegefälle.
Zeit zum Gespräch mit einzelnen finden sie kaum, wahrscheinlich fehlt ihnen auch die Lust und Kraft, immer wieder auf die Leute einzugehen, denn die Gespräche sind im Grunde immer gleich. Das kommt aber sicher zum großen Teil eben durch die

Atmosphäre im Krankenhaus: Wenn jemand lange Zeit keine Möglichkeit hatte, mit anderen zu reden, verliert er sicher Mut und Fähigkeit dazu, sowie den Gesprächsstoff, da nichts mehr passiert.
Obwohl ein Großteil der Patienten noch laufen kann, kommen sie so gut wie nie nach draußen. – Es ist niemand da, der sie begleitet ... Im Aufenthaltsraum herumzugehen wird dagegen – zumindest von manchen Pflegern – nicht gern gesehen: Dem, der nicht freiwillig auf seinem Stuhl sitzenbleibt, droht man mit Festbinden. Der Tagesablauf ist damit immer der gleiche, über Jahre hinaus: wecken, aufstehen, rumsitzen, schlafen gehen – ein monotoner Kreislauf, nur unterbrochen durch die Einnahme von Medikamenten und Mahlzeiten.
Die Unterbringung hier bedeutet für diese Menschen im Grund nichts anderes als das Warten auf den (physischen) Tod.

(aus: *Wald-Echo,* Patientenzeitung, Nr. 11/1977)

14. Laienarbeit in der Psychiatrie: Unmündige Vollstrecker des Anstaltswillens

Die Vorurteile der Öffentlichkeit sind belanglos gegenüber den Vorurteilen der Psychiatrie selbst

Die Psychiatrischen Landeskrankenhäuser schaffen Leiden, die sie eigentlich heilen sollen. Das liegt einmal an der psychiatrischen Ideologie von der Gegenwelt psychischer Erkrankungen, an dem Uneinfühlbarkeits-Dogma, zum anderen auch den Strukturen dieser Institution: Die ärztliche, die Verwaltungs- und die pflegerische Hierarchie laufen nebeneinander her. »Kaum irgendwo anders gibt es noch den starken Kastengeist und den Mangel an Kommunikation wie hier und die absolute Subordination....«[1]

Wenn die Psychiatrie vom überlieferten Psychosebild ausgeht, behandelt sie die »endogenen Psychosen«, als entstünden sie in einem luftleeren, wertefreien Raum. So nimmt es nicht wunder, daß ein Patient eingeliefert, »durchuntersucht«, etikettiert, »behandelt« und wieder entlassen wird – bis zum nächsten Mal, wie der gängige Begriff »Drehtürpsychiatrie« ja besagt. Daß Patienten in ihre alten sozialen Schwierigkeiten zurückmüssen, hat die alte Psychiatrie nicht zu interessieren brauchen, weil ihr zufolge das soziale Umfeld keinen Einfluß auf die Krankheit hatte, weil die Ursache ja im Körper des Patienten zu suchen war.

Strotzka schreibt, daß eine große Klinik zwar eine Abteilung für Biochemie, Elektroencephalographie, ja sogar klinische Psychologie vorzeigen kann, aber keine psychiatrische Fürsorgeabteilung, »und daß dieses Fehlen von den Ärzten der Klinik auch in keiner Weise als ein beschämender Defekt empfunden wurde«.[2] Die Psychiatrie-Enquete belegt in geradezu brutaler Weise, daß in der Bundesrepublik eine psychiatrische Fürsorge gar nicht existiert.

Deshalb, weil kein Interesse vorhanden ist, nichtärztliches Personal an der Therapie als echten Partner zu beteiligen, spielt auch die Laien-Arbeit in der Psychiatrie keine große Rolle. *Schimansky* beschreibt, wie die Laienarbeit 1933 abgewürgt wurde und jetzt zaghaft, wie ehedem, von den Krankenhäusern gegründet und gesteuert werde. Die Psychiater ziehen dann als »Laien«-Prediger aus, »und erzählen, wie Laien arbeiten sollen.

Sie übertragen dabei aus der eigenen Berufswelt ›Ausbildungs‹-Konzepte, Stereotypien, Verhaltensmuster«.[3] Laienarbeit wird nur als schaler Ersatz, als Alibi, für die nichtgeleistete fürsorgerische und umweltorientierte Arbeit verstanden.
Die Psychiatrie hat bis heute kein ernsthaftes Interesse an den Laien. Sie sollen als unmündige Vollstrecker des Anstaltswillens arbeiten, aber keine eigenen Gedanken, Vorstellungen, Konzepte mitbringen. »Vieles wird schlagartig klarer, wenn es zu Konflikten zwischen Initiativen (draußen) und Psychiatrie-Institutionen (drinnen) kommt. Die konzeptionelle Festlegung und ideologische Einengung der psychiatrischen Institution wird der Initiative als verbindlich auferlegt; denn wer sollte sonst wissen, was richtig ist.«[4]
Sieht man sich die Zeitschrift *Treffpunkte*, die herausgegeben wird von der *Bürgerhilfe Sozialpsychiatrie Frankfurt*, und den dortigen Veranstaltungskatalog an, so fällt die kindliche Sprache auf, eine Sprache des Eia, Eia, Backe-backe-Kuchens: Da werden erwachsene Menschen zum »Kaffeestündchen« eingeladen oder wer etwas nähen will, geht »Zum Nähkästchen«. Beim »Volkslieder-Kreis mit Jürgen« heißt es: »Eingeladen ist: Alles was ›Odem‹ hat!«
Da gibt es »Struwwelpeters Hitparade«, »Die Bremer Stadtmusikanten«, »Auch hier ist etwas los! Motto: ›Bei Nacht sind alle Katzen grau!‹ Das beste Kostüm wird prämiert.« Es ist immer einen Ton niedlich, süßlich, kindisch, deppisch – die Sprache verrät, wer hier jemanden nicht ernst nimmt. Die psychisch Kranken sind ja noch zu klein für ernsthafte Sachen?
Anstelle der von der Bettenpsychiatrie gelenkten Laienarbeit, die ein Spiegelbild der Klinikarbeit ist, hat *Finzen* Anregungen zu einer Fortbildung des Personals vorgeschlagen, die darauf gründen, den Patienten ernst zu nehmen:
»Wichtig erscheint die Befähigung zur Wahrnehmung eigener Grundbedürfnisse und die Übertragung dieser Grundbedürfnisse auf Patienten und Patientengruppen (z. B. bezogen auf Besitz, Freizeit, Zeitstruktur, Information, Bedürfnis nach Anerkennung, Sicherheit usw.). Allgemeine Lernziele könnten sein: Schulung der Wahrnehmung bei Patienten, Mitarbeitern, Arbeitsbedingungen usw. Förderung von Selbständigkeit und Selbstverantwortung. Befähigung zu solidarischem Handeln in der Zusammenarbeit. Das Fördern von Kritik und Selbstkritik. Erweiterung, Einengung, Erkennen, Ausschöpfen von Handlungsspielräumen.«[5]
Dies ist ein Konzept, das von den Grundbedürfnissen des Patien-

ten ausgeht und ihm nicht seine Bedürfnisse vorschreibt. Dazu muß erst die Einstellung des »Otto-Normal-Psychiaters« verändert werden. Doch die Aussichten stehen schlecht, so daß die Bundesrepublik wohl weiterhin in der Behandlung psychisch Kranker einen der letzten Plätze einnehmen wird. Bislang »ist die Psychiatrie unseres kulturellen Bereiches von Sozialpsychiatrie weiter entfernt als bei zivilisatorisch unterentwickelten Völkern in sogenannten primitiven Kulturen«.[6]

W. Stumme hat sich sehr eingehend in der Psychiatrie-Enquete damit auseinandergesetzt, daß die These, eine Psychiatriereform scheitere am Vorurteil der Öffentlichkeit, so nicht stimmen kann, da »all das, was heutzutage der Bevölkerung mit Entrüstung als ein durch nichts gerechtfertigtes Vorurteil vorgehalten wird, über lange Zeit zum gesicherten Repertoire der Wissenschaft zählte«.[7] Die Laien wiederholen also nur, was ihnen die Fachleute jahrzehntelang aufgeschwatzt und als »wissenschaftlich« autorisiert haben.

Die Forderung etwa nach einer »Freigabe der Vernichtung unwerten Lebens« wurde nicht von vorurteilsbesessenen Laien propagiert, sondern vom damaligen Ordinarius für Psychiatrie in Freiburg, *A. Hoche*, unterstützt vom Kreisgerichtspräsidenten *Binding*. Die Zwangssterilisationen und Tötungen Geisteskranker ist nicht das Werk von Laien und die Meinung von der Unheilbarkeit Geisteskranker ebensowenig. Die moralische Vernichtung bis heute hat sich die Psychiatrie selbst zuzuschreiben, die Öffentlichkeit anzuklagen bedeutet reine Verdrängung.

W. Stumme zeigt an einem Beispiel, daß die Vorurteile, die man den Laien zuschreibt, nur die Übernahme von psychiatrischen Vorurteilen durch die Laien sein können: »›Die geschlossenen Stationen‹ in psychiatrischen Krankenhäusern sind ein beredtes Beispiel dafür, daß die psychiatrische Praxis (noch?) nicht in der Lage ist, das idealtypische humane Denkmodell zu realisieren, an dem man sich nur allzu gerne orientiert, wenn man auf die Vorurteile in der Bevölkerung verweist. Die beim Laien anzutreffenden Vorstellungen über die Gefährlichkeit und Unberechenbarkeit von Geisteskranken sind selbst in den Dienstanweisungen über die ›Durchführung des Wachsaaldienstes‹ wiederzufinden, wenn es da u. a. heißt: ›Die mit dem Wachsaal verbundenen Gefahren liegen in der Unberechenbarkeit der Kranken.‹«[8]

Die Psychiatrie selbst müßte die Verteufelung psychisch Kranker beenden; die Diskriminierung durch Theorie und Praxis ist

weitaus verhängnisvoller als alles, was der Öffentlichkeit angelastet wird.
So müßte man sich einmal damit auseinandersetzen, ob Schizophrenie nicht tatsächlich eine Strategie des Patienten ist, sein Leben in einer unlebbaren Situation auszuhalten.[9] Könnte es nicht sein, daß Schizophrene, die über die Widersprüche unserer Gesellschaft und unsere Bewertungen von Menschsein so beredt klagen, diese Widersprüche nicht anders ertragen können? Könnte es nicht sein, daß sie keinen anderen Ausweg sehen, als den Konflikt in ihre Person hineinzunehmen und in der eigenen Zerrissenheit zu erfahren, während die »Normalen« statt dessen verleugnen, projizieren, verdrängen, um sich die Widersprüche nicht bewußt machen zu müssen?[10]
Eine Patientin hat mir dazu geschrieben. Sie war als Arbeiterkind an einem altsprachlichem Gymnasium erzogen worden, begann Germanistik und Slawistik zu studieren, heiratete, ging nach Amerika und schloß ihr Studium in Amerika mit dem ersten akademischen Grad. Doch eine Scheidung kam und weitere Enttäuschungen nach ihrer Rückkehr nach Deutschland.
Die Patientin steigt aus ihren Konflikten aus und in die UFO-Literatur ein. Was sie an der Literatur über die »Fliegenden Untertassen« faszinierte, beschreibt sie so: »Ich fand darin so viel von meinem Denken angesprochen, daß ich mich voll auf solche Literatur stürzte und nun darin die einzig mögliche Rettung sah: Die Landung von Außerirdischen, die jetzt die ganze Erde in eine menschenwürdigere Welt umwandeln würden, indem sie den regierenden Machthabern die Wahrheit sagen und mit jeglichem Krieg, Zerstörung usw. Schluß machen würden.«
Heute ist die Patientin Sekretärin und empfindet dies als sozialen Abstieg: »Jeder Tag im Büro ist wie im Gefängnis, nicht weil ich dort arbeiten muß, aber weil jeder Tag schon im voraus festliegt. Acht Stunden sind verplant, da ist kein Raum für etwas anderes. Da hatte man es als Student doch schön! Konnte man sich doch seine Zeit einteilen, wie man wollte. Erst jetzt begreife ich, wie versklavt der größte Teil der Menschheit ist. Gezwungen, meinen Lebensunterhalt zu verdienen, verkaufe ich meine Arbeitskraft und meine Zeit. Die Privilegien habe ich verloren, jetzt heißt es malochen wie der größte Teil der Bevölkerung. Ist es da ein Wunder, daß ich ausbrechen will, daß ich nach größerer Freiheit schreie, wo ich sehe, daß sich einige wenige Privilegierte diese Freiheiten herausnehmen können, andere aber nicht.«

Literatur

1 *H. Strotzka*, a.a.O., S. 39.
2 Ebenda. S. 24f.
3 *H. Chr. Schimansky*, ›Gedanken zur Laienarbeit in der Psychiatrie‹, in: *Sozialpsychiatrische Informationen*, Nr. 28/1975, S. 3.
4 Ebenda.
5 *A. Finzen*, a.a.O., S. 10.
6 *H.-J. Haase*, Professor an der Pfalzklinik Landeck, auf dem 3. Psychiatrie-Symposium in Landeck, in: *der niedergelassene arzt*, Nr. 21/1976, S. 68.
7 *W. Stumme*, ›Gutachten zu Problemen einer differenzierten Öffentlichkeitsarbeit im Bereich der Versorgung psychisch Kranker und Behinderter‹, in: *Bericht über die psychiatrische Versorgung in der Bundesrepublik*, Bonn 1975 (kurz genannt: ›Psychiatrie-Enquete‹), S. 1166.
8 Ebenda. (Hervorhebung v. Verf.).
9 *J. Foudraine*, a.a.O., S. 249.
10 *M. Krüll*, a.a.O., S. 53.

15. Auslauf zwischen hohen Zäunen

Bericht einer Gruppe von Jugendlichen über ein psychiatrisches Landeskrankenhaus

Das Krankenhaus liegt isoliert am Rande der Stadt und besteht aus 28 Einzelhäusern, 1903 erbaut, in denen die Patienten, nur nach Geschlechtern geordnet, untergebracht sind. Die Situation ist in allen Häusern ziemlich ähnlich.
So werden z. B. 50 jugendliche Patienten in einem Tagesraum unter Aufsicht von nur 2 Pflegern eingesperrt. Es werden keine Beschäftigungsmöglichkeiten angeboten. Die Menschen werden lediglich verwahrt und saubergehalten. Die sanitären Anlagen lassen sehr zu wünschen übrig. Für bis zu 50 Patienten steht lediglich eine Badewanne, eine Toilette sowie wenige Waschbecken zur Verfügung. Nur ein geringer Prozentsatz der Kranken darf ohne Begleitung die Station verlassen und sich dann höchstens für wenige Stunden im Klinikgelände aufhalten.
Für einige Häuser besteht völliges Ausgehverbot. Wenn die Patienten nicht auf den Stationen eingesperrt sind, dürfen sie bei schönem Wetter in dem von hohen Zäunen umgebenen kleinen Auslauf frische Luft schnappen.
Schlafräume haben bis zu 25 Betten, zu den räumlichen Mißständen kommt der eklatante Personalmangel. Für die insgesamt etwa 1 500 Patienten stehen lediglich 16 Ärzte, davon sind mindestens 3 über das Pensionsalter hinaus, und mindestens ein Arzt ist ohne Fachausbildung, zwei Psychologen, zwei Sozialarbeiter und drei Beschäftigungstherapeuten zur Verfügung.
Für Putzarbeiten, Essenausteilen usw. werden meist arbeitsfähige Patienten herangezogen, die für minimale Löhne (ab ca. 20 DM bis 60 DM) pro Monat bis zu 12 Stunden am Tag arbeiten. Viele Patienten arbeiten auch in der zur Klinik gehörenden Gärtnerei, Schlosserei, Malerei, Wäscherei, Druckerei, Küche und Desinfektion, die sogenannte Arbeitstherapie, ebenfalls für minimalen Lohn im Dienste der unter finanziellem Druck stehenden Klinik.

(Aus: *Wald-Echo*, Patientenzeitung, Nr. 11/1977)

16. Die grenzenlose Heuchelei der Politiker

Die Euthanasie geht weiter

Als im Frühjahr 1970 im *Bundestag* der Antrag der *CDU/CSU* diskutiert wurde, die *Bundesregierung* möge eine umfassende Untersuchung über die psychiatrische Versorgung der Bevölkerung durchführen lassen, sagte der Abgeordnete *von Thadden (CDU/CSU)*: »Dies ist eine gute Stunde, auch wenn wir nur noch wenige sind, die hier zusammen ausharren, denn sie macht nach zwei Tagen, in denen wir miteinander oft sehr hart gerungen haben, deutlich, daß es Augenblicke gibt, in denen Demokraten zusammengehören, weil sie von einer gemeinsamen Sorge umgetrieben werden.«[1]
Der Abgeordnete stellte zugleich die Frage, ob der *Bundestag* an der Not von psychisch Kranken (und Behinderten) vorübergehen könne, »wo wir andererseits so viel Zeit für die Forderungen großer und mächtiger Interessenverbände aufwenden?«[2] Die Antwort ist eindeutig: der *Bundestag* kann dies. Die Not der psychisch Kranken schert ihn wenig, die Interessen der mächtigen Interessenverbände berühren die Bundestagsabgeordneten dagegen sehr. Schließlich stehen viele Bundestagsabgeordnete über Beraterverträge in deren Sold.
Es ist geradezu rührend zu sehen, wie die Abgeordneten während der Bundestagsdebatte damit fertig werden, daß nur ein Häuflein überhaupt diskutiert. Der Abgeordnete Dr. *Schmidt (SPD)* aus Krefeld etwa meint: »Ich fasse mich jetzt etwas kürzer, weil nur noch wenige Kolleginnen und Kollegen hier sind.«[3]
Die Probleme der psychisch Kranken werden auf der Verwaltungs- wie auf der politischen Ebene hin- und hergeschoben. Die Kommunen schieben ihre erkrankten Bürger in gemeindeferne Landeskrankenhäuser ab und damit zugleich in eine andere Verwaltungsebene (z. B. *Landeswohlfahrtsverband* oder *Landschaftsverband*). Man läßt die psychisch Kranken im Kompetenzen-Dschungel regelrecht verkommen. *Paul Matussek*, Leiter der Forschungsstelle für Psychopathologie und Psychotherapie in der *Max-Planck-Gesellschaft*: »Man gibt lieber 10000 Mark für die Beobachtung von Ratten oder

Graugänsen aus als 1000 Mark für die Beobachtung von Menschen.«[4]

Der Freiburger Psychiater *Degkwitz*: »Auch in unserer humanen (?) Gesellschaft gilt leider: Wer sich nicht wehren kann, ist verloren. Es ist traurig zu wissen, daß die Kosten von 25 Kilometer Autobahn, die wir in wenigen Minuten gedankenlos durchfahren, die unwürdige Notsituation einer hilflosen Minderheit unseres eigenen Volkes beheben könnten...«[5]

Die Patienten prangern die ungeheure Heuchelei an: »Während wir in ehemaligen Konzentrationslagern mit großem Aufwand eine Wandlung zur Menschlichkeit demonstrieren – allein in Dachau eine staatliche Gedenkstätte für über 10 Millionen DM und 3 Sühnekirchen der drei Konfessionen –, müssen Patienten auch ehemaliger Euthanasieanstalten, in denen das gleiche wie in den KZs – nur von Ärzten und Pflegern – geschehen ist, noch immer in menschenunwürdigen Anstaltsverhältnissen, oft sogar unbeschäftigt, dahinvegetieren.«[6]

Zäune und verriegelte Türen

Immer ist die Haustüre versperrt. Nur die Tür zum Garten öffnet sich an schönen Tagen. Doch auch dieser Garten ist verbarrikadiert: Ein hoher, kräftiger Drahtzaun umgibt ihn; das Gartentor ist verschlossen. Ringsum Häuser mit den gleichen Gegebenheiten. Um das ganze Gelände, auf dem die Häuser stehen, führt noch einmal ein hoher *stacheldrahtgekrönter Drahtzaun.* In diesen Häusern gibt es jeweils einige Zellen. Die Fenster sind aus Panzerglas mit gitterartigen Eisenverstärkungen. Die Türen bestehen aus zentimeterdicken Eichenbohlen und besitzen starke Spezialschlösser. Wird einer der Insassen eines solchen Hauses unruhig oder aggressiv, so kommt er in eine solche Zelle. Überall also verriegelte Türen, vergitterte Fenster, Zäune, die allgegenwärtigen Wärter.

(Aus einem Bericht eines Patienten)

Die Heuchelei der politisch Verantwortlichen ist in der Tat grenzenlos. Während sich die Abgeordneten ihre Diäten bedenkenlos erhöhen, lassen sie die Verwahrung von »Geisteskranken« zu, die nicht einmal einen minimalen menschlichen Stan-

dard gewährleistet. Die Euthanasie geht weiter. Nur vergast man nicht mehr, sondern läßt Menschen einfach verkommen.
Clever wie Politiker und die Bürokratie der Ministerien sind, haben sie die Psychiatrie-Enquete in Auftrag gegeben, um nach außen demonstrieren zu können, man habe ja etwas getan. Doch die Abgeordneten des *Bundestages* hielten es nicht für nötig, die 1975 vorgelegte Enquete bisher zu diskutieren. Und das *Gesundheitsministerium* verkündet schlau, die psychiatrische Versorgung sei Sache der Bundesländer. Die Bundesländer wiederum sagen, sie könnten die hohen Kosten nicht tragen. So tut keiner etwas, menschenunwürdige Zustände abzustellen.
Der *SPD*-Abgeordnete *Koenig* sagte 1970 während der Bundestagsdebatte: »Die Zeit der Schlangengruben ist vorbei. Art. 2 Abs. 1 des Grundgesetzes garantiert das Recht auf freie Entfaltung der Persönlichkeit und Abs. 2 das Recht auf Leben und körperliche Unversehrtheit.«[7]
Diese Rechte, Menschenrechte, Rechte nach dem Grundgesetz, werden tagtäglich verletzt, verhöhnt. Der Verfassungsschutz, so eifrig auf der Fährte möglicher Verfassungsfeinde, sollte sich jener Rechtsbrecher und politischen Täter annehmen, die die freiheitlich-demokratische Grundordnung in den psychiatrischen Monsteranstalten zum Gespött machen. Die gegenwärtige Psychiatrie-Praxis, aus der Vergangenheit mit der Tötung »Geisteskranker« vorbelastet, hat mit KZ-Strukturen mehr gemeinsam als mit dem Grundgesetz.
Der Verfassungsschutz ist auf jene Ministerialen und politischen Gesinnungsgenossen in den Parteien anzusetzen, die seelisch Kranke zu Psychomonstern degradieren. Früher hat man gesagt, man habe von der Vernichtung lebensunwerten Lebens nicht gewußt, heute kann sich darauf niemand herausreden. Die politisch Verantwortlichen beten den Götzen »Wirtschaftswachstum« an und sperren psychisch Kranke unter Zuständen ein, unter denen man keinen Hund halten dürfte.
Man wehrt in diesem Land solche Gedanken ab, das sei emotional, unsachlich. Unmenschlich darf es sein, nur »unsachlich« nicht. Sachen, die Gewinn bringen, stehen längst über dem Menschlichen. Da schreit keiner mehr gegen Unrecht. Da protestiert keiner mehr. Da bannt man das Elend in eine Psychiatrie-Enquete. Man schreibt es auf, registriert es, katalogisiert es, analysiert es – und beläßt es dabei. Man hängt noch ein paar Appelle dran, warme Aufrufe zur Menschlichkeit, ein paar Veranstaltungen, wo das Wohltätigkeitsgerede nur so dahin-

plätschert, aber da ist keine Energie zur Veränderung dahinter.

Sachen, die sich verkaufen lassen, mit denen sich Gewinne erzielen lassen, die sich bilanzieren lassen, die stehen hoch im Kurs. Da wollen wir ganz sachlich bleiben und dies feststellen. Menschen, die sich in diesem Denken nur auf der Negativseite bilanzieren lassen, weil sie keine Gewinne abwerfen, da man sie in Anstalten verwahrt und als Angeschlagene nicht einfach so fix auf die Gewinnseite bringen kann, die gelten nichts. Man sollte das Grundgesetz den Tatsachen anpassen und hineinnehmen, das Grundgesetz gelte wohl, nur die Schwachen seien ausgenommen, die nicht Gewinn abwerfen.

Literatur

1 Zit. nach: *Sozialpsychiatrische Informationen*, Nr. 10/11 1972, S. 38f.
2 Ebenda, S. 39.
3 Ebenda, S. 33.
4 *Münchener Abendzeitung* v. 6. 12. 1973.
5 *Sozialpsychiatrische Informationen*, Nr. 37/1977, S. 22.
6 *Club 70*, ›Entwurf einer Broschüre‹, a.a.O., S. 5.
7 *Sozialpsychiatrische Informationen*, Nr. 10/11 1972, S. 38.

V. Psychiatriepraxis im Alltag einer geschlossenen Station

1. Meine Arbeit auf einer geschlossenen Station

Bericht einer Krankenschwester, anonym

Die Aufnahme

Es gibt zwei Formen der Aufnahme: freiwillig zu kommen, dann ist die Prozedur nicht ganz so entwürdigend, oder die Zwangseinweisung.

Die freiwillige Aufnahme: Die Patienten kommen zur festgesetzten Zeit und melden sich bei uns an. Wir schreiben die Personalien auf, die Krankenkasse, die nächsten Angehörigen. Dann werden die Patienten höflich aufgefordert, Koffer und Handtasche abzugeben. Beides wird im Beisein des Patienten geöffnet, durchgesehen, in doppelter Ausfertigung aufgeschrieben. Alle spitzen Gegenstände (Stielkämme, Nagelscheren usw.) werden einbehalten und kommen in eine Tüte. Diese wird beschriftet und kommt in den Vorratsschrank. Kleidungsstücke, die der Patient anhat, Nachthemd und Hausschuhe, darf er vorerst behalten. Alles andere kommt in den Schrank.

Der Patient kommt erst mal in ein Saalbett und dann – je nach Führung – bald in ein kleines Zimmer. Er unterschreibt, daß er freiwillig hier ist, denn das ist für die Verwaltung wichtig. Seine Geldbörse wird im ›Giftschrank‹ aufbewahrt, und er wird verwiesen, daß er, brauche er etwas, jederzeit fragen könne. Größere Geldbeträge kommen in den Tresor in der Verwaltung.

Die Zwangsaufnahme: Je nach seinem Zustand bemerkt der Patient nichts oder er wehrt sich mit Händen und Füßen, schreit und protestiert. Das hilft ihm aber nichts. Je lauter er protestiert, desto kränker wird er eingestuft, desto mehr Beruhigungsmittel werden ihm gespritzt. Je heftiger er sich wehrt, desto fester wird er angebunden.

Dank der Psychopharmaka kehrt nach einiger Zeit Ruhe ein, der Randalierer schläft, wird ausgezogen und bekommt ein Klinikhemd übergestreift.

Die Schwestern sortieren und notieren seine Habseligkeiten und schließen alles weg. Der Patient soll erst mal zur Ruhe kommen, das ist jetzt das wichtigste. Da sind oft das Bad oder das Besucherzimmer die geeigneten Räumlichkeiten. Da stört das

Schreien nicht so sehr. Dort ist der Patient erst einmal (mit seiner Angst) allein.
Am nächsten Tag erscheint der Amtsrichter und überzeugt sich, daß der Patient zu Recht da ist. Der Amtsrichter redet mit dem Arzt und nur kurz mit dem Patienten. Ist der Patient nicht fähig, mit dem Amtsrichter zu sprechen (z. B. durch Medikamenteneinfluß), entscheidet der Arzt, daß die Zwangseinweisung gerechtfertigt ist.
Manche, die bewußtlos zu uns kommen, wachen dann nach einiger Zeit auf, finden sich in Anstaltskleidung, festgebunden inmitten von Patienten. Der Patient verfällt in tiefe Depression oder wird aggressiv. Man stelle sich das vor: Man wacht auf, ist festgebunden, die Lippe ist dick, der Arm ist geschwollen (von der Infusion), das ganze Hab und Gut ist weg, eingeschlossen, und man liegt in solch einem Bett.

Ein Rundgang durch unsere Station

Ich betrete die Station durch die Außentür. Ich muß sie aufschließen. Der Vorflur ist hoch und mit Neonlampen erhellt. Am Ende des Flures ist die nächste verschlossene, weißlackierte Tür mit einem Schmutzschutz, der schmutziggrau glänzt. Auf der einen Seite ist das Besucherzimmer, mit Blumen auf den Fensterbrettern und Tischdecken, der freundlichste Raum der Station, in dem sich die Patienten nur mit ihren Angehörigen aufhalten dürfen.
Manchmal wird Besuchsverbot verhängt, dann stehen die Besucher verärgert im Besuchsraum. Und die Patienten sind »drinnen« und versuchen mit dieser Maßnahme fertig zu werden.
Neben dem Besuchsraum ist die Besuchertoilette. Die ist aber meist verschlossen. Die Besucher müssen dann den weiten Weg in die Halle des Krankenhauses machen.
Die nächste Tür führt in die Küche. Da kann man die Fenster nicht öffnen. Nur ein Oberlicht kann mittels eines Besenstiels ausgeklappt werden. Von den Fenstern sieht man in den Garten, umzäunt und oben bekrönt mit Stacheldraht. Die Schwestern sitzen immer in der Küche, und wenn ein Patient kommt, um etwas zu fragen oder sich einfach zu unterhalten, wird er – je nachdem, wer gerade Dienst hat – mehr oder weniger freundlich oder mit einem »raus jetzt, laß uns in Ruhe!« weggescheucht.
Als nächstes kommt eines der Arztzimmer. Es ist eng und zweckmäßig eingerichtet, aber die Patienten sind ja kaum drin. Diese Tür ist natürlich auch nur mittels Schlüssel zu öffnen.
Dann ist im Vorflur noch die Kleiderkammer, wo jeder Patient

einen verschließbaren Schrank hat. Die Schlösser gehen alle mit dem gleichen Schlüssel zu öffnen. Die Patienten bekommen morgens bei der Kleiderausgabe ihre Sachen. Abends werden sie wieder eingesammelt. Brauchen sie tagsüber etwas aus ihrem Schrank, müssen sie eine Schwester anbetteln, doch mit zur Kleiderkammer zu gehen. Auch wenn jemand Ausgang hat oder einfach in den Garten will, muß er diesen Bittgang, diese Prozedur, wiederholen. Manchmal, wenn viel zu tun ist, will natürlich niemand vom Pflegepersonal ständig zur Kleiderkammer oder zum Gartenausgang laufen. Das beansprucht Zeit und Geduld, und die verliert man auf dieser Station.

Nun betritt man die Station. Ich muß wieder erst aufschließen.

Rechts ist ein Saal mit vier Betten. Drei stehen mit der Kopfseite an der Trennwand zum nächsten Saal. Eins steht am Fenster zum Klo. Die Toiletten müssen auf unserer Station immer einzusehen sein. Vor den Kloschüsseln sind noch Schwingtüren, à la Westernsaloon, wo man von außen Füße und Köpfe sehen kann. Der Patient, der nun diesen Klofensterplatz hat, darf immer zusehen, wenn jemand aufs Klo geht. Ich weiß nicht, ob man so nachts ohne Schlafmittel zur Ruhe kommt.

Die Tür, die zum Klo führt, wird recht oft unsanft auf- und zugemacht. Im Vorraum zur Toilette ist noch der Apparat, in dem die Bettpfannen gespült werden. Da kommt oft auch der Geruch heraus, der sich dann im ersten Saal ausbreitet.

Die Metallbetten sind uralt und haben Eisenstäbe, um die Fixiergurte besser anbringen zu können. Die Betten stehen etwa 40 bis 50 cm auseinander. Zwischen den Betten steht ein kleiner Stuhl, auf dem alles mögliche aufgetürmt ist, denn Nachtschränke gibt es in den Sälen nicht.

Alle neuen Patienten kommen erst in einen der Säle. Erst wenn sie »vernünftig« und »zugänglicher« werden, nicht mehr unter akuten Wahnvorstellungen leiden und keine Suizidabsichten mehr haben, kommen sie in ein kleineres Zimmer. Es kann aber auch umgekehrt sein, wenn sich ein Patient etwas hat »zuschulden« kommen lassen oder sich sein Zustand verschlechtert.

Der Saal ist nach vorne hin offen, so, wie Puppenstuben keine Vorderwand haben. Die Schwestern müssen sich ja einen guten Überblick verschaffen. So muß in Kauf genommen werden, daß die Patienten jedesmal gestört werden. Wenn jemand über die Station zum Stationszimmer geht, müssen alle an den beiden offenen Sälen vorbei.

Der zweite Saal faßt sechs Betten. Im Mittelgang steht oft noch ein siebtes Bett, mit einem Patienten, der besonders unruhig ist.

Natürlich gibt es auch hier keine Nachtschränkchen.
Auf der gegenüberliegenden Seite des Durchgangsflurs sind die Fenster; auch hier können die Oberlichter nur mit Hilfe eines Besenstiels geöffnet werden, der im Stationszimmer geholt werden muß. In beiden Sälen gibt es noch eine Belüftungsanlage, die laut brummt, aber nötig ist wegen der mangelnden Belüftungsmöglichkeiten. Die Fenster bestehen aus dickem Kunstglas, das nicht kaputtzuschlagen ist.
Links vom Durchgang befinden sich die kleinen Zimmer. Vier an der Zahl. Die Zimmer sind etwa 3 mal 4 Meter groß. Man kann sich die Bewegungsfreiheit der Patienten vorstellen! Aber hier haben die Patienten wenigstens Nachtschränkchen und eine Tür zum Zumachen. In der Tür ist aber ein Spion. Die in den Zimmern dürfen über Nacht ihre Kleider behalten.
In den Zimmern gibt es keine Waschgelegenheiten. Auch keine Spiegel. Zu bestimmten Zeiten (morgens um 5 Uhr und abends zwischen 18 und 19 Uhr) darf sich im Bad gewaschen werden. Am Waschbecken im Klovorraum darf sich auch zwischendurch gewaschen werden. Die Spiegel im Bad, im Klo und im Aufenthaltsraum sind aus Metall und eher Zerrspiegel. Ich stelle mir immer vor, wenn nun jemand halluziniert und dann in so einen Spiegel sieht, bekommt er einen Riesenschreck vor der Fratze, die ihm da entgegenkommt. Patienten, die schon länger da sind, kommen auch mal zu uns ins Stationszimmer, um sich mal im Spiegel ansehen zu können, denn für uns ist da ein »normaler« Kristallspiegel.
Wir Schwestern haben auch keinen Raum, wo wir für eine kurze Pause ungestört sein können. Die drei Ärzte haben immerhin zwei Arztzimmer, aber für zehn Schwestern gibt es nur ein einziges Zimmer, wo nicht mal alle sitzen können. Die Ärzte dürfen natürlich ihre Zimmer verschlossen halten, im Gegensatz zum Stationszimmer. Wenn ein Patient mit einem Arzt reden will, muß er klopfen und recht höflich und devot fragen, ob der Arzt Zeit habe. Die Hälfte der Versuche, die ich mitbekam, waren vergebens. Die Ärzte schickten die Patienten meist weg und vertrösteten auf ein andermal. Aber sehr oft werden derlei Versuche nicht unternommen.
Der zentrale Punkt der Station ist der Aufenthaltsraum. Er ist groß, mit Stühlen und Tischen, die an eine billige Bahnhofsgaststätte erinnern. Da stehen Sessel mit Plastiküberzügen, zerschlissen, daß man mehr auf der Polsterwatte sitzt. Auf einer Seite sind die fest verschlossenen Fenster. Der Raum ist so finster, wie man sich die Psychiatrie eben vorstellt.

Die einzig offene Tür ist die zur Toilette. Um die Patienten besser beobachten zu können, sind auch hier Glasfenster. Nicht einmal auf dem Klo ist der Patient unbeobachtet. Kein Wunder, wenn viele Verstopfung haben. Wir sind ja auch nicht gewöhnt, in aller Öffentlichkeit uns zu erleichtern.
In den Aufenthaltsraum wird das Essen gebracht. Jeder Patient bekommt ein Tablett mit seiner Portion. Das wird Tablettsystem genannt. Die Leute, die aufstehen können, stehen Schlange, die Schwestern teilen dann die Tabletts aus. Wenn ein Patient partout nicht aufstehen kann, stellt man ihm schon mal ausnahmsweise das Essen mundgerecht ans Bett, ja, er wird auch gefüttert. Aber Faulheit, wie es heißt, kann nicht geduldet werden. Da bleibt dann das Tablett im Aufenthaltsraum stehen. Man muß schon aufstehen. Hat sich der Patient aus dem Bett gequält, wird strikt darauf geachtet, daß er nicht nur ißt, was ihm schmeckt. Er muß von jedem etwas essen.

Tagesablauf

Ich fange meinen Dienst morgens um sechs Uhr an. Ich gehe durch die ganze Station zum Stationszimmer. Die Patienten sind zwar schon gewaschen, schlafen aber wieder. Die Notbeleuchtung brennt. So klappert jede Schwester, es kommt auf das Schuhwerk an, an den schlafenden Patienten vorbei zum Umziehen und von dort zur Küche zurück, wo wir eine Tasse Tee trinken.
Bis kurz vor sieben Uhr putzen wir Stationszimmer und Aufenthaltsräume. Dann ist Kleiderausgabe. Wir rufen laut in die Säle. Wer nicht zur rechten Zeit kommt, muß halt (es gibt Ausnahmen) im Nachthemd herumlaufen. Die Patienten werden insgesamt wie unmündige, dumme Kinder behandelt, denen man nichts, aber auch gar nichts zutraut.
Dann gibt es Frühstück mit Schlangestehen vor den Essencontainern, wo die Tabletts drinstehen. Die Patienten essen meist schweigend. Nach dem Frühstück gibt es Medikamente, die mindestens zwei Schwestern verteilen.
Einige Patienten muß man zwingen. Wie? Nun, das bittere Zeug wird ihnen in den Mund geschüttet und Mund und Nase werden fest zugehalten. Entweder sie schlucken das Zeug oder sie bekommen keine Luft mehr. Mich erschreckte die Gewalt, die von manchen Schwestern angewendet wird. Einmal hielt eine Schwester einer jungen Frau Nase und Mund wirklich so fest zu, sie drückte mit beiden Händen, daß ich dachte, gleich zerbricht das Nasenbein oder der Kiefer.

Einmal setzte ich mich an das Bett der jungen Frau, um zu sehen, ob sie die Medizin nicht ohne Gewaltanwendung auch nimmt. Ich fragte sie, warum sie nichts nehmen wolle. Die Frau, die ganz selten sprach, antwortete: Weil sie die Medizin richtig krank mache. Sie sei dann noch mehr müde, und doch müsse sie aufstehen. Man nehme ihr vormittags und nachmittags oft das Bett weg und stelle es in den Vorflur, damit sie gezwungen sei, aufzubleiben.
Ich erklärte ihr, daß es ihr nicht helfe, wenn sie nur im Bett liege. Sie werde dadurch nicht gesund, ihre Muskeln würden sonst ganz schwach. Sie nahm ihre Medizin. Ohne Zwang.
Was mich dabei störte: Alle drei Minuten kam eine Schwester herein, um mir zu sagen, daß mein Reden vergebliche Liebesmüh' sei. Das hätten sie schon alles durchexerziert, und es hätte nicht gefruchtet.
Um 9 Uhr ist Visite. Das ist die einzige Zeit des Tages, an dem den Patienten Aufmerksamkeit zuteil wird. Die Schwestern mit ihrem Visitenwagen und die Ärzte stehen im Tagesraum vor dem Patienten, der gerade dran ist:
Der Arzt: »Na, wie fühlen wir uns heute morgen?«
»Danke, Herr Doktor, es geht mir schon besser«, sagt der Patient, auch wenn es oft nicht stimmt, aber sonst bekommt er mehr Medikamente.
Bei Patienten, die noch neu sind, heißt es: »Na, haben wir uns schon ein wenig eingelebt?«
Von den 22 Patienten gehen vielleicht vier bis fünf in die Arbeits- oder Beschäftigungstherapie. Der Rest sitzt im Aufenthaltsraum, raucht wie ein Kamin, redet vielleicht mit einem Mitpatienten, die anderen sitzen allein und grübeln. Gähnende Langeweile.
Es kommt selten vor, daß Patienten von sich aus etwas spielen. Sie können sich – durch die Medikamente – nicht konzentrieren. Ich versuche, mich mit den Patienten zu unterhalten. Aber sie scheinen es nicht gewöhnt zu sein, daß eine Schwester Interesse zeigt. Ich werde von einer Kollegin weggerufen, um was zu »arbeiten«. Reden, werde ich belehrt, können wir mit den Patienten, wenn die »Arbeit« (z. B. Kurvenschreiben, Medizinrichten) getan ist.
Es steht auch Lesestoff zur Verfügung, Bücher, Romane. Manche können wegen der Medikamente nicht lesen, sie sehen alles verschwommen. Wenn sie im Saal schlafen, müssen sie zudem ihre Brillen abgeben, bekommen sie aber auf Verlangen.
Um 12 Uhr kommt das Mittagessen. Danach gibt es wieder

Medizin. Dann ist Mittagsruhe.
Um vier Uhr ist für die Schwestern Schichtwechsel. Mehr oder weniger wird der nächsten Schicht berichtet, was vormittags passiert ist. Meistens geht die Information von einer Stationsschwester zur nächsten. Die Schwestern, die keine derartige Funktion haben, erhalten nur spärlich Informationen.
Einmal wöchentlich ist eine sogenannte Besprechung mit den Ärzten. Sie referieren dann über ihre Patienten. Eigentlich sollte diese Besprechung ein gegenseitiger Austausch von Beobachtungen sein, aber meist reden nur die Ärzte.
Der Nachmittag auf Station schleicht sich dahin. Einige Patienten gehen in die Beschäftigungstherapie. Andere dürfen raus. Entweder in den großen, offenen Garten oder in die Stadt.
Von den 22 Patienten sind nur zwei oder drei, wo eine Aussicht auf Erfolg erwartet wird. Die sind in einer Gesprächstherapie. Die anderen, z. B. die, die einen Selbstmordversuch gemacht haben, die Süchtigen oder gar die mit einer Psychose, werden ruhig gestellt. Wie die Symptome abgeklungen sind, wirft man sie wieder raus, dahin, wo sie herkommen: in die Familie, die sie zu der Verzweiflungstat trieb oder in die Isolation.
Einmal sagte mir eine Kollegin: Die Patienten mit Depressionen seien ihr am liebsten. Sie seien am leichtesten zu haben.
Die Krankheit wird von der Familie oft als Druckmittel benutzt, einen Menschen ruhig zu halten, ihn zu unterdrücken. So erzählt mir eine Frau, ihr Mann drohe ihr immer, sie käme wieder in die Klinik, wenn sie wieder anfinge zu spinnen. Er versteht unter »spinnen«, wenn sie ihm widersprach. Schlimm ist, daß diese Menschen fast alle dorthin zurück müssen, wo sie herkommen.
Patienten, die häufiger kommen, werden irgendwann in ein Landeskrankenhaus verlegt als »unheilbar«.
Abends gibt es wieder Essen und Medikamente. Dann ist Besuchszeit. Alle Patienten warten auf Besuch. Während ein paar Patienten mit ihren Besuchern im Besuchszimmer sitzen, werden die, die keinen Besuch bekommen, gebadet.
Die Schwester, die das Baden zu überwachen hat, ruft, das Bad sei offen. Die Patienten kommen. Im Bad stehen zwei Wannen und in einer Ecke ist eine Dusche. Die Badeschwester hat zu überwachen, daß die Wanne vor und nach dem Gebrauch gesäubert wird. Daß die Patienten sich auch »richtig« waschen, daß sie anständig baden, nicht zu viel Lärm und Unruhe machen, nicht zu viel planschen, nicht zu viel Wasser und Reinigungsmittel verbrauchen und daß das Baden nicht zu lange ausgedehnt wird.

Als ich einmal fragte, warum die Patienten nicht länger in der Wanne bleiben dürfen, bekam ich die lapidare Antwort, daß das Baden viele Patienten auf dumme Gedanken bringe und sie beunruhige.
Abtrocknen müssen sich die Patienten meist mit Nachthemden, denn Handtücher gibt es kaum.
Manchmal, wenn ein erregter Patient im Bad abgestellt ist, weil er zu sehr getobt hat, wird er während der Badezeit ins Besucherzimmer gestellt, wenn keine Besuchszeit gerade ist. Die Nacht über steht er dann entweder im Mittelgang im großen Saal oder im Bad. Wenn er verspricht, ganz lieb zu sein, kommt er raus aus dem Bad. Unter »ganz lieb sein« verstehen die meisten Schwestern: nicht schreien, »bitte« sagen, wenn man etwas braucht (Topf, Essen, Trinken), »danke« nicht vergessen, nicht an den Gurten zerren (auch wenn sie schmerzen), schön auf dem Rükken liegen bleiben (auch wenn der Hintern weh tut), keine obszönen Worte sagen.
Reden, wurde ich belehrt, nutze bei solchen Leuten nichts. Ich solle das ruhig von den »Erfahrenen« annehmen. Das könne man vielleicht, wenn die Tobenden sich beruhigt hätten, aber nicht in solch einem Zustand. Auch mein »Händchenhalten« bringe mir höchstens Kratzer ein (mir hat kein Patient in noch so einem schlimmen Zustand jemals etwas getan). Ich konnte beobachten, daß gerade die Schwestern, Pfleger, Ärzte eine Blessur abbekommen, die Patienten in irgendeiner Form provozieren (eine Provokation kann schon sein, daß man die Patienten einfach duzt, oder sagt: nun komm, beruhige dich doch, hier kann nichts passieren, wir helfen dir doch).
Mir wurde anfangs eingebleut, nie mit dem Rücken zum Patienten zu stehen. Zu achten, daß mir keiner die Brille vom Gesicht schlägt, daß sich keiner meines Schlüssels bemächtigt. Anfangs hatte ich dann auch Angst und bekam fast eine Schlüsselphobie. Dies alles legte sich jedoch schnell, als ich mich überzeugt hatte, wie es mit der Gefährlichkeit und Unberechenbarkeit der Patienten tatsächlich ist. Ich war aber sehr deprimiert über die Behandlung, die den Patienten zuteil wird, und über das Gefängnis, in dem sie tagein, tagaus, oft Monate, sein müssen.
Diejenigen, die um 20 Uhr noch nicht schlafen können, sitzen noch im Aufenthaltsraum. Bis 22 Uhr darf ferngesehen werden, aber nichts Spannendes, damit sich niemand fürchtet. Um 20 Uhr endet der Spätdienst, und die Nachtschwestern treten bis morgens um 6 Uhr ihren Dienst an.

Die Entlassung

Bei der freiwilligen Entlassung geht es ruhig zu. Der Patient bekommt auf Grund seiner Kleiderliste sein Hab und Gut und sein Geld zurück. Er verabschiedet sich und geht. Auf dem Brief für den weiterbehandelnden Arzt steht oft: »als gebessert entlassen!«

Bei einem Rausschmiß bekommt man sein Zeug in die Hand gedrückt. Ein Grund kann sein, daß ein Patient mehrmals betrunken vom Ausgang kam oder ein Drogenabhängiger mit Drogen oder ein Patient über Nacht nicht zurückgekommen ist. Man sagt diesen Patienten: Da ist die Tür, das hast du dir selbst zuzuschreiben. Jetzt sieh zu, wie du zurecht kommst. Wo der Patient hin kann oder soll, spielt dann keine Rolle. Darüber soll er sich Gedanken machen.

Sollte er unglücklicherweise nochmal die Hilfe der Klinik in Anspruch nehmen, erinnert man sich seines unehrenhaften Abgangs sofort. Er wird als »schwierig« und unbelehrbar eingestuft, und man schickt ihn entweder schlicht weg oder verlegt ihn in ein entlegenes psychiatrisches Landeskrankenhaus.

Von der Zwangsverlegung sagt man dem Patienten vorher meist nichts, damit er sich nicht aufregt. Heimlich wird alles vorbereitet. Der Patient bekommt mehr Beruhigungsmittel untergejubelt. Und wenn dann die netten Männer von der Rettungs- oder Verlegungswache kommen, sagt man dem Patienten, sie kämen mal eben zu einer Untersuchung. Meist gehen sie dann mit wie ein Tier zum Schlachter.

2. Narrenfreiheit auf der »Geschlossenen«

Bericht einer siebzehnjährigen Patientin, anonym

Der Morgen in Pavillon 3

Der Sommer ist schon fast vorbei, und ich liege noch im Bett. Und möchte so gerne weiterschlafen. Möchte gar nicht wach werden. Bin aber schon wach. Denn die Stimme des Nachrichtensprechers tönt durch den Saal. Übertönt das Plätschern des Wassers in den beiden Waschkabinen.

Bald, sehr bald, wird Schwester Lenchen kommen und mir die Bettdecke fortziehen.

Und meine Beine über den Bettrand ziehen.

Und mir die Hausschuhe anziehen.

Und mir den Morgenrock überziehen.

Und ich werde das tägliche Ritual durchspielen. Wie jeden Morgen. Nur daß ich heute nicht zu hartnäckig sein werde, denn gestern hat Lenchen einen nassen Schuh davon übrigbehalten: Das Glas Wasser auf meinem Nachtschrank war umgekippt. Das hat sie heute bestimmt noch nicht vergessen. Vielleicht werde ich sogar sofort aufstehen. Um meinen guten Willen zu zeigen. Und mich waschen. Als letzte an diesem frühen Morgen. Wie an jedem anderen frühen Morgen. Man hat Nachsicht mit mir und meinem Schlafbedürfnis.

Die ersten sind schon um halb 6 dran: nämlich diejenigen, die schon um 5 oder vielleicht um 4 wach sind und mit leeren Augen vor sich hinstarren. Nicht in die Dunkelheit. Es gibt keine Dunkelheit in Pavillon 3. Die Leselampe der Nachtschwester brennt die ganze Nacht. Und man wird immer beobachtet. Immer. Damit man sich nicht heimlich unter der Bettdecke die Pulsadern aufschneidet.

Ich selbst habe jenes Bedürfnis gar nicht. Wenigstens nicht nachts. Nachts habe ich andere Bedürfnisse: zum Beispiel sexuelle Selbstbefriedigung. Aber das geht ja nicht. Wie kann man das machen, wenn man dabei von einer Schwester beobachtet wird? Schon zehn Wochen befinde ich mich in Pavillon 3, und allmählich wird diese sexuelle Enthaltung zu einem Problem. Wie werden die anderen damit fertig? Ich weiß es nicht. Es wird nicht darüber gesprochen.

Bald wird Lenchen kommen. Und ich werde tun, als schlafe ich. Dabei bin ich eigentlich schon seit halb 6 wach. Halb wach. Durch das Wasser in den Kabinen und durch das Quietschen der Holzplanken.

Ich habe Lenchen einen Gefallen getan. Bin sofort aufgestanden. Aber jetzt tut mir das schon wieder leid. Hätte mich doch gerne von ihr bemuttern lassen. Und außerdem ist sie jetzt mißtrauisch. Eben weil ich sofort aufgestanden bin.
Jetzt stehe ich in der Kabine, und das Wasser ist kalt.
Welcher Tag ist heute? Mittwoch kann es nicht sein. Und auch Sonnabend nicht. Sonst hätte mich nicht Lenchen aus dem Bett geholt, sondern eine andere Schwester, eine Vertreterin. Donnerstag ist es auch nicht. Und das ist schade. Denn am Donnerstag gibt es vormittags die Vollbesprechung, und das bedeutet Ablenkung.
Und eine Aufhebung des Rauchverbots.
Und eine Diskussion über die Aufhebung des Rauchverbots.
Heute ist leider nicht Donnerstag. Heute ist Freitag.

Frühstück. Unten im Tagesraum. Fünf Tische mit je fünf oder sechs Patientinnen. Anita und ich sitzen am gleichen Tisch. Wir reden nicht. Niemand redet. Es herrscht Schweigen. Nur die Messer und die Gabeln kann man hören. Und vielleicht ab und zu ein Seufzen.
Draußen ist es schon lange hell. Aber es schaut niemand hinaus.
Es ist auch nicht viel zu sehen. Nur ein kleiner Innenhof: eine weiße Bank, ein kleiner Schuppen, einige Gartenstühle, ein Baum, das vernachlässigte Crocketspiel. Und die 2 Meter hohen Mauern. Ich könnte jetzt – nein, nicht jetzt, später, wenn die Gartentür aufgeschlossen ist –, ich könnte aufspringen, rausrennen, mich an dem Baum hochziehen, über die hintere Mauer klettern. Ich würde schnell genug sein. Schneller als die Schwestern.
Was ist hinter der Mauer? Ich weiß es nicht. Ein Teil des Krankenhausgeländes. Vor einigen Tagen ist Frau S. über die Mauer geklettert. Und hat das Gelände unbehelligt hinter sich lassen können. Mit der Straßenbahn ist sie nach Hause gefahren. Und hat dort den Inhalt eines Tintenfasses ausgetrunken. Die Polizei kam gerade zu spät.
Eine halbe Stunde später war sie schon wieder hier. Und mußte schlauchschlucken. Und liegt jetzt natürlich auf der D-Abteilung nebenan.

Nichts aber liegt mir in diesem Moment ferner, als über die Mauer zu klettern. Obwohl ich es mir nicht zu bildlich vorstellen darf: Wie ich am frühen Morgen durch die Stadt spazierengehe, und irgendwo in ein Café reingehe, und eine Zigarette rauche, und eine Tasse Kaffee trinke, und hinterher beim Bäckerladen frische Brötchen kaufe. Denn dann erlebe ich immer diesen kurzen Moment von Platzangst, das Gefühl der Einengung, des Eingesperrtseins.

Jäh wird die Stille im Tagesraum unterbrochen: es SINGT jemand! »Beauty case! Beauty case! Beauty case!« Es ist Schwester Chr. Sie geht mit tanzenden Schritten durch den Korridor, und mit beiden Händen hält sie N.s Beauty case.
Ich muß lachen. Denn ich denke an Fräulein N. Chr. bringt ihr ihren Beauty case. Damit N. sich schminken kann.
Und damit sie sich ihren Bart abrasieren kann.
Ich lache.
Aber Anita lacht nicht.
Sie sagt: »Ich würde nicht so dumm gackern, wenn ich du wäre.«
»Ich lache, wenn ich lachen will«, antworte ich, »N. ist zum Lachen.«
Anita sagt weiter nichts. Aber sie ist böse. Vielleicht habe ich zu sehr die letzten Regeln des Anstandes gebrochen.
Vor einer Woche hat N. versucht, sich die Pulsadern durchzuschneiden. Mit einer Rasierklinge, die sie aus ihrem Beauty case zurückgehalten hatte. Als dann die ersten Blutspritzer kamen, fing sie an, laut zu schreien. Um halb 5 morgens.
Seitdem befindet sie sich auf D.
Und ich, ich habe es nicht verstanden. Anita schon. Aber sie klärt mich nicht auf.
Und Schwester Chr. geht durch die Gänge und singt »Beauty case! Beauty case!« Denn sie hat schon vor langer Zeit ihre letzte Zurückhaltung verloren.

Das Frühstück ist vorbei.
Stühle werden zurückgeschoben.
Die Medikamentenschwester ruft die Namen aus.
Und es entfaltet sich eine rege Aktivität.
Diejenigen, die diese Woche für einen Dienst eingeteilt sind, beginnen, das Geschirr zur kleinen Küche zu bringen, abzuwaschen, staubzuwischen, staubzusaugen. Die Tagesraumschwester gibt emsig Anweisungen und schließt die Gartentür auf. Und den Schrank mit den Strick- und Nähsachen.

Einige Patienten gehen nach oben. Andere ergattern sich einen bequemeren Stuhl im Tagesraum. Und ein paar wenige nehmen ihren Korridorspaziergang auf: einen ewigen Spaziergang, von der Tür zum Schwesternzimmer (und damit zur Außenwelt) bis zur Tür der D-Abteilung. Und wieder zurück. Von Tür zu Tür vielleicht zwölf Meter. Hin und zurück. Hin und zurück. Tag ein, Tag aus.
Ich selbst lungere noch ein wenig im Tagesraum herum. Aber nicht lange. Gleich werde ich hinaufgehen. In eine andere Welt, die Welt von oben. Jetzt bin ich unten. Bin ich unten, kann ich nach oben fliehen. Bin ich oben, kann ich nach unten fliehen.

Die Tabutreppe

Es ist 8 Uhr 20, und ich begebe mich nach oben. Die Tür zum Schlafbereich steht offen: Man ist nicht unerwünscht.
Was durchaus nicht immer der Fall ist. Meistens wird man oben (es sei denn, es ist Arztvisite oder Ruhestunde) nicht gerne gesehen. Oft ist die Tür, auf die man oben an der Treppe stößt, abgeschlossen. Klopft man an, hört man bald das ewige Rascheln eines Schlüsselbundes, und eine Schwester – meistens Schwester Lenchen – öffnet und will wissen, weshalb man um Einlaß bittet.
Und was soll man dann sagen?
Daß man eine Verschnaufpause von unten nehmen möchte?
Daß man eine andere Umgebung erleben möchte?
Daß man sich, nur 5 Minuten, hinlegen möchte?
Nein. Man muß schon andere Argumente anführen, um diese Tür zu überwinden. Und damit den Schlafbereich zu betreten: 2 Schlafsäle, einige Einzelzimmer, ein Klo.
Mein Schlafsaal (Saal L) ist die Domäne der Alten und Gebrechlichen. Betreut von Schwester Lenchen spielt sich hier ihr Leben ab: nicht senil und verrückt genug für die D-Abteilung (außer Frau G., aber Frau G. ist ein Sonderfall), zu unflexibel, um am normalen Tagesrhythmus teilzunehmen.

Zum Beispiel Frau Pf. – 80 Jahre ist sie alt – und schon ewig in Pavillon 3. Morgens liest sie die Zeitung, mittags eine Zeitschrift. Meistens liegt sie im Bett. Sie ist weder geistes- noch gemütskrank. Sie möchte lediglich sterben. Ihren Mann hat sie verloren, und auch ihre Angehörigen. Wozu soll sie noch weiterleben? Sie hat ihr Leben gehabt. »Ein schönes, reiches Leben«, wie sie bekundet. Aber jetzt möchte sie es doch beenden. Und liegt deshalb in Pavillon 3.

Denn Pavillon 3 ist unter anderem eine Bewahrstätte für Lebensmüde. Spezielle Vorsorgemaßnahmen tragen dazu bei, daß es hier schwieriger als anderswo ist, sich umzubringen: sämtliche scharfen Gegenstände befinden sich (nicht immer) hinter Schloß und Riegel. Es gibt keinen Raum, kein Zimmer, wo man alleine ist, wo man in Ruhe sterben kann. Sogar die Toiletten haben keinen Riegel. Und auch von der Treppe kann man sich nicht hinunterwerfen: ein starkes Raster schirmt die Tiefe ab. So ist Pavillon 3 paradoxerweise ein Haus der offenen Türen.

Die Tür zum Schlafbereich steht offen. Auch hier herrscht größere Aktivität als zu einem anderen Zeitpunkt. Die Reinemachefrauen, spanische Gastarbeiterinnen, sind am Werk, und die Schwestern lüften, klopfen die Kissen aus, waschen Medikamentengläser.
Im Flur vor Saal L warten schon mehrere Patientinnen auf die Arztvisite. Dr. K., der Arzt, mein Arzt, ist noch nicht da.
Ich werfe einen kurzen Blick in den Schlafsaal. Wo ist Lenchen? Sie steht beim Schrank und sortiert einen Stapel Handtücher.
Sie hat mich gesehen, obwohl ich nur kurz in der Türöffnung stehe. »Na, Rita, ist Dr. K. schon da?« Sie ist freundlich.
»Nein«, sage ich, aber sie hört nicht hin. Sie sortiert schon wieder Handtücher.
Und dann rieche ich Zigarettenrauch. Nur ganz vage, aber leicht merkbar in einer sterilen Krankenhausatmosphäre. Ich muß lachen. Und das entgeht Lenchen nicht. Denn was für einen Grund hätte ich, an einem Freitagmorgen um halb 9 in Pavillon 3 zu lachen? Gar keinen, und das weiß Lenchen auch.
»Na, was sind wir denn so fröhlich am frühen Morgen?« Sie legt die Handtücher zur Seite, schließt den Schrank ab und kommt auf mich zu, ein Routine-Lächeln auf ihrem Gesicht.
»Ich lache doch immer, wenn ich Sie sehe«, sage ich, »das wissen Sie doch. Ich bin ja geisteskrank.«
»Du bist ein Schelm, mehr nicht«, sagt sie, aber schon hat ihr Interesse für mich sich gelegt. Sie schiebt sich an mir vorbei und geht dann schnellen Schrittes den Flur entlang. Ihre Nase ist nicht schlechter als die meine.
Langsam folge ich ihr. Um zu sehen, was geschehen wird.
Schon hat sie die Toiletten ganz hinten erreicht. Ich höre, wie ihre Stimme sich erhebt.

Ich setze mich auf die erste Stufe der Treppe, die zur zweiten Etage, noch weiter nach oben, führt. Diese Treppe ist tabu. Sie

darf nur benutzt werden, wenn es zur Arbeitstherapie oder zur Gymnastik geht.
Kaum sitze ich, und aus der Toilette kommt Wibke, und gleich hinter ihr Lenchen. Wibke redet aufgeregt und bittend auf sie ein. Lenchen hat jetzt ihre strenge Maske aufgesetzt. In der Hand hält sie die konfiszierten Zigaretten und Streichhölzer. Wie ich sie kenne, wird sie die Sachen an Schwester M., die Hauptschwester, weitergeben.
Und das bedeutet einige schwierige Minuten für Wibke.
Beide gehen an mir vorbei, doch dann dreht Lenchen sich um und kommt zu mir zurück.
»Was machst du hier? Mußt du nicht zur Arztvisite?«
»Der Arzt ist noch nicht da.«
Schon packt sie mich am Arm.
»Hier kannst du nicht sitzen bleiben. Entweder du gehst jetzt nach unten oder du wartest vorm Saal auf den Arzt.«
Sie fängt an, mich in Richtung des Saals zu zerren.
»Moment«, sage ich, »vielleicht will ich nicht zum Saal. Vielleicht will ich nach unten.«
Woraufhin sie mich losläßt.
»Dann geh' jetzt nach unten.«
»Eigentlich will ich nicht nach unten.«
»Dann kommst du jetzt mit.« Unerbittlich ergreift sie meinen Arm und bringt mich zu den anderen Wartenden.
Dann verschwindet sie in den Saal. Aber ich traue ihr nicht. Vielleicht kommt sie gleich wieder und schaut nach, ob ich noch da bin.
Also lehne ich mich gegen die Wand und warte eine Weile. Aber sie läßt sich nicht mehr blicken.

Noch eine Minute warte ich. Dann gehe ich. Schnell durch die offenstehende Tür. Dann die Tabutreppe rauf. Immer über die Schulter blickend, ob auch niemand mich sieht. Die Treppe führt zur geschlossenen Tür der Arbeitstherapie.
Aber es gibt noch eine weitere Treppe. Sie bringt mich zur obersten Etage. Auch diese Treppe endet vor einer geschlossenen Tür. Und genau dort lasse ich mich nieder.
Ich bin nicht so dumm wie Wibke. Oder wie die anderen, die auf den Toiletten rauchen. Zu leicht wird man dort erwischt. Zu leicht riecht man den Rauch. Auch das Plätzchen hinter dem kleinen Schuppen im Innenhof ist zu riskant. Die Tagesraumschwester sieht den Rauch aufsteigen. Und sie achtet darauf.

Doch hier oben kann niemand mich sehen oder den Rauch riechen.
Ich angele eine Schachtel Streichhölzer und eine Zigarette aus meinem BH. Und genieße den ersten Zug. Plötzlich sieht die Welt nicht mehr so schlimm aus: Gleich ist Arztvisite. Vielleicht gibt es etwas Neues. Schließlich bin ich in einem Krankenhaus, und in einem Krankenhaus gibt es Schwestern und Ärzte, und diese sind dazu da, den Patientinnen zu helfen und sie zu heilen.
K. kennt meine Geschichte. Er hat sogar eine Akte angelegt.
Er macht einen ganz fähigen Eindruck.
Er wird mir helfen. Er wird mir helfen müssen.
Er wird sich um mich kümmern. Er muß sich um mich kümmern.
Ich drücke meine Zigarette aus. Und lege die Kippe zu den anderen Kippen, zu denen von gestern und vorgestern und vorvorgestern.

Die Visite

Die Arztvisite ist in vollem Gang, als ich wieder unten erscheine. Die Hauptschwester sitzt mit dem behandelnden Arzt in einem der vier winzigen Einzelzimmer des Schlafbereichs, und nacheinander treten die Patientinnen ein. Es nimmt ca. zwei Minuten in Anspruch, um eine Patientin abzuhandeln. Da 15 Patientinnen abzuhandeln sind, dauert die gesamte Arztvisite eine kleine halbe Stunde.
Der behandelnde Arzt ist natürlich »nur« ein Assistenzarzt. Genauso wie seine drei Kollegen, die die übrigen 45 Patientinnen betreuen.
Es sind aber auch vollausgebildete Ärzte, Oberärzte und sogar ein Professor mit der Klinik verbunden. Ich habe einige dieser hohen Herren sogar schon einmal gesehen: bei meiner Vorführung vor einigen Wochen. Ich kann mich allerdings nur noch an einen langen grünen Tisch und ca. 15 gleichaussehende Weißkittel erinnern.
Ich sitze im Flur auf einem Stuhl und warte.
Mit mir warten noch drei andere Patientinnen. Der Rest ist schon durch. Wieder verläßt eine Patientin das kleine Zimmer. Ihr Gesicht hat keinen Ausdruck. Ihre Augen sind leer. Sie hat die Arztvisite hinter sich. Die nächste Arztvisite findet erst Montag wieder statt. Das sind 72 Stunden. 72 Stunden des Wartens. 72 Stunden des Wartens, und dann kommt wieder nichts.
Die nächste Patientin tritt ein.

Trist und düster ist es um mich herum. Ein einziges Fenster läßt trübes Tageslicht herein. Gebrochenes Tageslicht. Kariertes Tageslicht. Das Fenster besteht aus vielen kleinen Einzelfensterchen. Zu klein, um nur den Kopf durchzustecken.
Alle Fenster in Pavillon 3 sind auf diese Art vergittert.
Nur im Tagesraum nicht. Denn dahinter ist der Innenhof.

5 vor 9 ist es schon, als ich endlich in das kleine Zimmer vorgelassen werde. Schwester M. hat die Kurven schon zusammengelegt, denn ich bin die letzte, die eintritt.
»Guten Morgen«, sagt K.
»Guten Morgen«, sage ich.
»Wie geht es?« fragt er.
»Wie immer«, sage ich, »und ich will raus.«
»Ich weiß, ich weiß«, sagt er, »ich will darüber heute mit Ihnen auch sprechen.«
Ich höre, wie ich unbeteiligt »oh« sage, sehe, wie Schwester M. etwas aufschreibt.
»So gegen Mittag werde ich Sie holen.«
Und dann bin ich schon wieder draußen im Flur.

Warten auf den Arzt
Oh, Freude, Freude! Der Arzt wird mit mir sprechen! Er wird mich holen und mit mir sprechen! Er wird mir helfen. Er wird sich um mich kümmern. Er wird mich aus der unendlichen Tiefe herausholen. Ich stehe nicht allein. Es ist jemand da, der mir hilft!
»Wer steht denn da noch rum? Es ist neun Uhr! Arbeitstherapie, Rita!« Es ist Lenchen, und sie hat auch schon meinen Arm erwischt.
»Die anderen sind schon oben«, fügt sie hinzu und fängt an, mich in Richtung der Tabutreppe zu ziehen. Schon vor langer Zeit hat Lenchen aufgehört, sich auf lange Diskussionen mit mir einzulassen. Sie geht in letzter Zeit davon aus, daß ich nicht das tun werde, was sie mir sagt. Deshalb zerrt sie mich schon am Arm, bevor ich überhaupt die Möglichkeit habe, aus eigener Bewegung ihren Anweisungen Folge zu leisten.
Nicht, daß unser Verhältnis ein schlechtes ist. Es ist ein Spiel. Wenigstens für mich. Ich vertreibe mir damit die Zeit, diesen Todfeind. In wieweit es allerdings für Schwester Lenchen ebenfalls ein Spiel ist, weiß ich nicht. Sie äußert sich nicht.
Nur in diesem speziellen Augenblick kommt mir das Spiel ungelegen: Ich habe keine Lust auf Arbeitstherapie. Wenigstens

jetzt noch nicht. Denn in mir ist Freude, und diesen Gemütszustand möchte ich auskosten. Der geeignete Ort dafür ist zweifelsohne unten.

»Moment«, sage ich, und bleibe abrupt stehen. Die Tabutreppe haben wir schon beinahe erreicht.

»Ich werde heute morgen unten arbeiten«, kündige ich an, »stricken.«

»Jah ... jah ...«, sagt Lenchen und zerrt mich weiter zur Treppe, das heißt, sie versucht, mich weiterzuzerren: Ich halte stand. Und Lenchen ist nicht stark.

»Wirklich«, bekräftige ich, »ich meine es ernst.«

Sie läßt meinen Arm los und schaut mich voller Mißtrauen an.

»Wirklich«, sage ich. Und lasse sie einfach da stehen. Und gehe nach unten.

Im Tagesraum ist schon längst wieder Ruhe eingekehrt. Ca. 15 Patientinnen sitzen da und stricken oder häkeln oder nähen. Außerdem weint jemand. Ich kann mich unbemerkt in die hintere Ecke verkriechen.

Schön ist das. Ganz bis zur Wand lehne ich mich mit dem Stuhl zurück. Ich kann den ganzen Raum überblicken und außerdem einen Teil des Korridors. Hin und wieder sehe ich eine Schwester oder einen Arzt entlanggehen. Und höre, wie die Außentür sich mehrere Male öffnet und schließt.

Das ist nicht zu überhören. Denn im Korridor sind die Wände und der steinerne Fußboden kahl und unbedeckt. Dadurch entsteht ein Echo-Effekt. Hinzu kommt, daß das Schloß der Außentür geräuschvoll mit einem großen Schlüssel geöffnet wird.

Abschließen ist nicht nötig. Die Tür fällt von selbst wieder ins Schloß. One-way-ticket. Immer wenn ich mir die Zeit mit imaginären Fluchtplänen vertreibe, kommt mir dieser Ausdruck in den Sinn. Irgendwie hat die Außentür etwas damit zu tun. Du schließt die Tür mit einem dicken kräftigen Schlüssel auf, aber zum Abschließen brauchst du keinen Schlüssel. Vielleicht hat es auch etwas mit meinem ersten Tag hier zu tun. Eine Schwester hatte mich durch die Tür hereingebracht. Und die Tür fiel hinter mir ins Schloß. Da wußte ich plötzlich, daß ich nicht mehr herauskonnte. Ein unbeschreibliches Gefühl ist das. Ein Gefühl, das man nur einmal in seinem Leben erlebt. Vielleicht wird man im weiteren Verlauf seines Lebens zigmal irgendwo eingesperrt. Aber das gleiche Gefühl, das Gefühl des ersten Males, erlebt man nicht wieder. Man gerät plötzlich in Panik. Als ob man sich zum ersten Mal bewußt wird, daß man sein ganzes Leben unter Platzangst gelitten hat: One-way-ticket.

Die Patientin weint immer noch. Sie hat Glück, denn die heutige Tagesraumschwester tröstet gern Patientinnen. Warum kann ich nicht weinen?
Ich schaue auf die Uhr: Eine Viertelstunde ist verstrichen, und ich habe mich nicht gelangweilt! Es ist, als ob ich eine Kraftspritze bekommen habe. Der latente Schmerz, der ewig da ist, mit dem ich schon aufwache, mein ständiger Begleiter: Er ist weg!
Der Arzt wird mit mir sprechen: es wirkt wie eine Droge. Ich kann wieder leben! Bis zur Mittagszeit sind nur noch 3 Stunden. Was sind schon 3 Stunden?
Bald ist Kaffeezeit. Und wenn die Kaffeezeit vorbei ist, sind es nur noch 2 Stunden.
Wo werde ich Kaffee trinken?
Unten?
Oben?
Auf der Arbeitstherapie?
Unten kommt nicht in Frage. Keine der Anwesenden steht mir sehr nahe. Vielleicht werden sie während der Kaffeepause nicht einmal reden.
Oben? Das erfordert Geschick. Wenn es mir gelingt, Lenchen zu überrumpeln, dann ist es gut. Ich könnte dann mit Frau Pf. über den Tod reden.
Oder auf der Arbeitstherapie? Das wäre am besten, denn Anita ist ja dort. Das bedeutet aber, daß ich bis um 11 nicht mehr herunter kann.

Es erscheint Schwester M. in der Türöffnung. Sie sucht eine Patientin. Und schon stehe ich nicht mehr vor der Qual der Wahl. Denn Martha hat mich gesehen. Ich hätte mir also doch irgendein Strickzeug auf den Schoß legen sollen.
»Und was machst du hier? Hast du nichts zu tun?« Sie spricht wie immer leise. Alle horchen auf. Schwester M. stellt eine Autorität dar, eine wichtige Persönlichkeit.
»Doch«, sage ich, »ich wollte gerade zur Arbeitstherapie gehen.«
Und ich stehe auf. Denn mit Schwester M. legt man sich nicht an. Sie folgt mir schweigend die Treppe hinauf. Sie weiß, daß ich weiß, daß sie weiß. Gott sei Dank begegnen wir oben Lenchen nicht.
Wir steigen die Tabutreppe hinauf, und M. holt ihr überdimen-

sionales Schlüsselbund zum Vorschein. Sie schließt die Tür auf, und ich trete ein: ein großer Raum, mit Werktischen, mit Regalen, mit Holzfiguren, mit großen Körben, mit vielen Bildern an der Wand.
Hinter mir fällt die Tür ins Schloß.

Die Beschäftigungstherapeutin kommt auf mich zu und fragt mich, was ich tun möchte.
»Nichts«, sage ich. Die Antwort kennt sie schon.
Sie fängt an, mir Vorschläge zu machen: Holz schnitzen, Körbe flechten, meißeln, malen.
Aber ich will weder Holz schnitzen, noch Körbe flechten, noch meißeln, noch malen. Die Therapeutin hebt ihre Schultern und läßt mich in Ruhe. Ich setze mich an den großen runden Tisch und lasse meinen Blick durch den Raum schweifen.
Ich versuche, mich auf die kommenden anderthalb Stunden vorzubereiten. Ich muß irgendeine Aktivität entfalten. Ich muß.
Aber ich kann nicht. Ich kann nicht! Schon der Gedanke, irgend etwas zu bilden, zu formen, zu malen, ruft in mir ein Gefühl der Panik hervor. Ich kann mich nicht äußern.
Ich kann nicht. Es tut unendlich weh.
Ich sitze und sitze, und die innerliche Unruhe wächst.
Bis ich aufstehe und mir ein Stück Papier, ein Lineal und einen Bleistift hole. Und anfange, das Blatt Papier mathematisch exakt in Quadrate aufzuteilen. Das ist unverbindlich, erfordert aber Zeit und Genauigkeit.
Nach einer Weile schaue ich auf und merke, daß ich mich tatsächlich in meine Arbeit vertieft habe. Eine Viertelstunde ist vergangen, ohne daß ich auf die Uhr geschaut habe. 15 Minuten sind immerhin 15 Minuten. Ich versuche erneut, mich auf das weiße Blatt, das jetzt schon zur Hälfte in kleine Kästchen aufgeteilt ist, zu konzentrieren.
Aber es geht nicht mehr.
Ich nehme eine Schere und schneide den Teil des Blattes ab, der noch leer ist: Jetzt habe ich ein fertiges Blatt mit Kästchen! Diese werde ich jetzt mit Farbe ausfüllen. Ich stehe auf, gehe zum Schrank und suche die Wasserfarben. Es kommt die Therapeutin hinzu. Obwohl sie es nicht zeigt, weiß ich, daß sie mißtrauisch ist. Denn außer Farben sind auch noch andere Sachen im Schrank: Meißel und Messer und Sägen und Klingen. Vielleicht ist es meine Absicht, irgendeine scharfe Klinge zu entwenden und unter meiner Kleidung zu verstecken. Um mir heute nacht

vorsichtig, ganz vorsichtig, ohne verdächtige Bewegungen, die Pulsadern aufzuschneiden.

Das Bad

Die Tür wird von außen aufgeschlossen, und es tritt Schwester R. ein.
»Ist Fräulein v. d. H. hier?«
»Ja?« Vielleicht hat K. sie geschickt. Vielleicht will er schon jetzt mit mir sprechen. Vielleicht sitze ich ihm schon 5 Minuten später gegenüber. Vielleicht lösen sich meine Probleme innerhalb der nächsten halben Stunde. Vielleicht...
»Kommen Sie mit? Sie werden heute gebadet.«
»Gebadet???«
»Ja, Sie waren diese Woche noch nicht dran.«
»Aber es ist Freitag. Freitag ist kein Badetag.«
»Ihr Name ist noch nicht abgehakt worden. Kommen Sie.«
»Jetzt sofort?«
»Natürlich. Ich bin ja gekommen, um Sie zu holen.«
»Nun gut.« Es ist nichts dagegen einzuwenden.

Das Badezimmer befindet sich im gleichen Stockwerk wie der Schlafsaal: das Reich von Schwester Lenchen und Frau Pf.
Ich rieche Kaffee und bleibe stehen.
»Was ist mit der Kaffeezeit?« frage ich.
»Hinterher können Sie Kaffee trinken.«
»Kalten Kaffee?«
»In 20 Minuten sind wir fertig. Bis dahin ist der Kaffee noch heiß.«
»Ich nehme an, Sie haben Ihren Kaffee bereits gehabt.«
Mit Schwester R. habe ich selten zu tun, denn sie arbeitet die meiste Zeit auf D. Sie ist mir fremd, und ich bin ihr fremd. Ich fühle mich etwas beunruhigt.
Wir treten in das Badezimmer ein – das übrigens nicht weniger düster und trist ist als die anderen Teile dieses Hauses – und schon wird Wasser in die Wanne eingelassen. Ich lege meine Uhr ab. 9 Uhr 55.
Es ist nicht untypisch, daß mehrere ereignisreiche Tagesabläufe sich zur gleichen Zeit abspielen (wie jetzt die morgendliche Kaffeezeit und das wöchentliche Bad), während zu einem anderen Zeitpunkt Stunden ohne jegliche Vorkommnisse verstreichen.
Während ich mich ausziehe, bedaure ich, die Kaffeezeit zu verpassen, freue mich andererseits auf das heiße Wasser, das

neben mir in die Wanne strömt. Und vergesse die Streichhölzer und die 2 Zigaretten, die ich noch in meinem BH aufbewahre. Ich erinnere mich erst wieder daran, wie sie schon vor den Füßen der Schwester auf dem Fußboden liegen.
Zu spät, um sie noch schnell aufzuheben oder unter die Wanne zu schieben. Und ein neues Gefühl ergreift Besitz von mir: Ich habe Angst, Angst vor Konsequenzen, Angst vor Schwester M., Angst vor Autorität, die mein Leben bestimmt. Die Angst vertreibt sämtliche andere Empfindungen, die mir am Vormittag in Pavillon 3 eigen sind: Plötzlich fühle ich mich nicht mehr unglücklich. Die Depression ist weg. Und auch das Gefühl der totalen Langeweile.
»Das ist ja schön«, bemerkt Schwester R., während sie die Raucherutensilien aufhebt und an sich nimmt, »ich werde das Schwester M. melden müssen.«
»Müssen?«
»Sie kennen die Hausordnung. Bis um 2 wird nicht geraucht. Und im Besitz von Streichhölzern dürfen Sie schon gar nicht sein.«
»Trauen Sie mir zu, daß ich das Haus anzünde?«
»Ich werde es Schwester M. melden müssen.«
»Andere Schwestern tun das meistens nicht«, sage ich, »es ist auch wirklich nicht nötig. Sie sind jetzt im Besitz der Streichhölzer, also kann ich auch nichts Schlimmes mehr damit anrichten.«
»Wir werden jetzt nicht mehr darüber reden. Bitte steigen Sie ins Bad.«
»Wie Sie wollen«, sage ich, »Sie pflichtbewußter Automat.« Und ich steige ins Bad. Ich kann mich über die wohlige Wärme des Wassers nicht freuen.
Die Schwester fängt an, mir den Rücken zu waschen. Und dann den ganzen Körper, und dann die Haare. Seit ich 10 Jahre alt war, habe ich mich ohne Hilfe gebadet, doch in Pavillon 3 wird mir – und nicht nur mir – diese Fähigkeit abgesprochen. Wird befürchtet, daß man sich eigenhändig in der Badewanne ertränkt? Das wäre eine außergewöhnliche Leistung.
Die Schwester läßt mir keine ruhige Minute, um still im Wasser zu liegen und zu genießen.
»Sie sind fertig. Bitte kommen Sie heraus.«
»Noch eine Minute. Es ist so schön warm.«
»Machen Sie keine Schwierigkeiten. Ich habe heute noch anderes zu tun.«
»Noch eine Minute, bitte.«

»Kommen Sie jetzt bitte heraus.«
»Ich möchte noch eine Minute ruhig im warmen Wasser liegen, holen Sie mich doch raus, wenn Sie können.«
»Das werden wir gleich haben«, sagt sie. Und sie dreht den kalten Wasserhahn auf. Immer weiter.
Und es wird kalt in der Badewanne. Die alte Hexe! Sie hat mir die Kaffeezeit genommen. Sie wird mich wegen der Streichhölzer verpfeifen. Und sie gönnt mir keine Extraminute in der Badewanne.
Es wird kälter und kälter in der Wanne, und sie steht da und hält den Wasserhahn fest, damit ich das kalte Wasser nicht abstellen kann. Ich nehme den Schlauch. Den dicken Gummischlauch, wodurch das Wasser in die Wanne strömt. Und ich richte ihn auf die weiße Gestalt, die über der Wanne gebeugt steht.
Ein, zwei Schritte machte sie nach hinten. Aber sie hat den Hahn weit aufgedreht: Der Strahl ist kräftig. Sie hat keine Wahl. Sie muß zurück zur Wanne, um das Wasser abzustellen. Oder sie muß mir den Schlauch entreißen. Sie weiß es, ich weiß es, und sie kommt zurück und fängt an, schnell, sehr schnell, den Wasserhahn zuzudrehen. Ihr Gesicht ist vielleicht einen halben Meter von mir entfernt, und wir schauen uns gegenseitig an, während sie dreht und dreht und ich den Schlauch auf sie gerichtet halte.
Das ist, was man Narrenfreiheit nennt. Schwester R. wird sich nicht einmal beschweren können. Denn genauso wie es zu ihrer Pflicht gehört, Streichhölzer zu melden, gehört es zu ihrer Pflicht, Begebenheiten wie diese zu akzeptieren. Schließlich arbeitet sie in der Psychiatrie. Sie kann sich höchstens im stillen darüber freuen, wenn ich wegen dieser Sache in Schwierigkeiten gerate.
Mir ist inzwischen die Lust vergangen, noch weiter in der Wanne auszuharren. Ich zittere am ganzen Körper. Erst als ich mich abgetrocknet und angezogen habe, legt sich allmählich meine Erregung.
Die Schwester macht mir noch den Föhn zurecht, bevor sie mich allein läßt. Daß ich mich mit diesem Föhn elektrifizieren könnte, interessiert sie nach unserem ungleichen Duell nicht mehr. Sie hat jetzt offensichtlich dringendere Anliegen, denn kaum sind meine Haare trocken, erscheint Schwester M. So schnell habe ich sie nicht erwartet.
»Es wird also vormittags von den Damen geraucht.«
Diese Feststellung ist, in Anbetracht der Tatsache, daß nur 2 Zigaretten und eine Streichholzschachtel bei einer Patientin gefunden wurden, eine grobe Verallgemeinerung. Ja, eigentlich

ist noch gar nicht bewiesen, daß ich tatsächlich an diesem Vormittag geraucht habe.
Der Besitz von Zigaretten ist nicht verboten. Doch ich weiß, daß 2 in meinem BH aufgefundene Zigaretten Schwester M. zum Beweise genügen. Ganz zu schweigen von den Streichhölzern. Denn die gehören tatsächlich zu den Nicht-Gegenständen in Pavillon 3.
»Nur eine habe ich geraucht«, gebe ich zu, »es tut mir leid.«
»Wo hast du die Streichhölzer her?« fragt sie.
»Von Besuch.«
»Immer das gleiche. Wenn hier tatsächlich immer von den Damen gegen das Verbot verstoßen wird, dann müssen Maßnahmen ergriffen werden.«
Mir fällt plötzlich ein, daß Lenchen ja Wibke heute morgen erwischt hat. Wenn sie das wirklich gemeldet hat, erklärt sich Schwester M.'s Rabiatheit schon eher.
»Es tut mir leid«, wiederhole ich, »ich werde vormittags nicht mehr rauchen.«
»Wirklich nicht?«
»Wirklich nicht.«
»Versprichst du mir das?«
Oh, Schwester M., bitte nicht. Ich möchte nichts versprechen, was ich nicht halten kann. Du weißt ganz genau, daß ich einem Versprechen Wert beimesse.
»Ich verspreche es.«
»Gut«, sagt sie, »wenn du mir etwas versprichst, kann ich mich darauf verlassen, daß du dazu stehst.«
Patt. Sie hat mich patt gesetzt. Sie hat mir ein Versprechen abgerungen, und sie weiß, daß ich es nicht brechen kann.
Aber ich bin doch im Irrenhaus! Warum sollte ich ausgerechnet im Irrenhaus zu einem Versprechen stehen? Warum?
Ich weiß wohl warum. Hier ist ein Mensch, der mir Vertrauen schenkt. Ein ruhender Pol, der im chaotischen Durcheinander von Pavillon 3 zu mir steht und mir vertraut.
Oh, Schwester M., wie lange noch wirst du mir dein Vertrauen schenken? Wie stark bin ich denn, daß ich in einer Welt ohne Maßstäbe eine Norm erfüllen kann? Deine Norm? Siehst du nicht, wie angeschlagen ich schon bin? Ja, du siehst es. Zu der Familie Fr. in D. hast du gesagt, Pavillon 3 tue mir nichts Gutes. Und du hast gesagt: »So ein liebes Kind. Wie konnte es nur so kommen?« Das tut gut. Das tut unendlich gut.
Ich werde versuchen, das Versprechen zu halten.

Eine Achtzigjährige will sterben

10 Uhr 25 ist es, als ich schließlich das Badezimmer verlasse. Mein erster Weg führt nach unten. Im Tagesraum wird schon wieder gestrickt und gehäkelt. Und Kaffee ist nicht mehr da.
Mein Blick fällt auf das Klavier: Ich hätte Lust, einen Moment zu spielen, aber noch ist es zu früh. Man würde aufmerksam auf mich werden und mich wieder zur Arbeitstherapie schicken. Außerdem möchte ich ja noch Kaffee trinken. Also wieder nach oben.
Laut klopfe ich oben an die Tür, die zum Schlafbereich führt und zu dieser Zeit abgeschlossen ist. Bemerkenswert rasch wird sie geöffnet.
»Ach, du bist es«, es ist Lenchen, »ich dachte, es wäre etwas passiert. Was willst du denn?«
»Kaffee trinken. Ich habe noch keinen Kaffee gehabt. Und unten ist keiner mehr da.«
»Noch keinen Kaffee gehabt?« Mißtrauen zeichnet Lenchens Miene.
»Ich war im Bad. Fragen Sie Schwester R. Hier: mein Haar ist noch feucht.«
Sie befühlt tatsächlich mein Haar.
»Nun gut. Wenn du versprichst, dich nicht aufs Bett hinzulegen.«
Schon wieder ein Versprechen.
»Heute morgen bin ich nicht müde«, sage ich, »ich verspreche es.«

Im Saal sitzen Frau Pf. und Frau G. am Kaffeetisch.
Frau Pf. liest die Zeitung.
Und Frau G. kaut. Das tut sie immer. Sie sitzt festgeschnallt auf einem Stuhl und kaut ein imaginäres Kaugummi. Sprechen kann sie nicht. Stehen auch nicht. Und selbständig sitzen auch nicht mehr. Schwester Lenchen holt sie jeden Morgen zur Kaffeezeit aus dem Bett und setzt sie für eine Stunde an den Tisch. Aber ich glaube nicht, daß Frau G. etwas davon bemerkt. Sie ist völlig weggetreten.
Vor einigen Wochen ist ihr Mann gestorben. Er war ein bekannter Augenarzt. Als er hörte, daß er operiert werden müsse, regelte er vorher alles, auch sein eigenes Begräbnis. Sie aber weiß von all dem nichts. Sie wird in Pavillon 3 bleiben, bis sie stirbt.

Lenchen schenkt mir eine Tasse lauwarmen Kaffee ein.
»Oooh...«, sagt Frau Pf. plötzlich.

»Na, was lesen Sie denn heute schönes in der Zeitung?« Lenchen hat ihr Routine-Lächeln aufgesetzt.
»Das Durchschnittsalter der Frau ist schon wieder um 2 Jahre gestiegen.«
»Nun, das ist doch eine schöne Sache.«
»Eine schöne Sache?? Das bedeutet, daß ich wieder 2 Jahre länger leben muß. Wieder 2 Jahre!!«
»Frau Pf., so dürfen Sie doch nicht reden. Es gibt doch auch schöne Sachen im Leben.«
»In meinem Alter?«
»Auch in Ihrem Alter. Wenn die Sonne morgens aufgeht und...«
»Und ihre warmen Strahlen durch die vergitterten Fenster zu uns schickt...«, füge ich ein.
Woraufhin Lenchen mir einen sehr bösen Blick zusendet.
»Die Sonne habe ich schon oft genug gesehen, Schwester Lenchen. Ich bin achtzig, vergessen Sie das nicht«, sagt Frau Pf. mit Nachdruck.
»Eben«, sage ich, »Sie sind achtzig. Darum gilt die Statistik in der Zeitung für Sie nicht. Sie haben das Durchschnittsalter schon längst hinter sich. Sie können jederzeit sterben.«
»Wir wollen jetzt über etwas anderes reden«, beschließt Lenchen. Was soll sie sonst auch sagen?
»Machen Sie sich keine Sorgen«, sage ich tröstend, »Frau Pf. ist kerngesund. Und im Pavillon 3 kann man keinen Selbstmord begehen. Hier lernt man nur, wie man es nicht machen sollte.«

Schließlich hat die Hälfte der Patientinnen einen Selbstmordversuch hinter sich, der offensichtlich mißlungen ist. So lernt man, daß das Gas, zum Beispiel, heute auch nicht mehr ist, was es mal war: Man wacht mit Lähmungen wieder auf. Oder das Pulsaderndurchschneiden: Besser ist es, auch gleich am Oberarm die Adern durchzuschneiden. Dann geht's schneller. Auch sollte man sich mit einem kleinen Schnitt begnügen und vor allem nicht die Sehnen mit durchschneiden, denn es könnte ja sein, daß man doch noch gerettet wird, und dann muß man wieder mühsam lernen, die Hand zu bewegen. Oder das Schlaftablettenschlucken: nicht zu wenig nehmen, aber auch nicht zu viele, denn dann spuckt man sie im Schlaf wieder aus.

Schwester Lenchen hat offensichtlich keine Lust, näher auf meine letzte Bemerkung einzugehen.
»Was steht denn sonst noch in der Zeitung?« erkundigt sie sich bei Frau Pf.

»Wie immer, Schwester, wie immer«, seufzt Frau Pf., »es ist eine böse Welt.«
Eigentlich müßte Lenchen ihr jetzt beipflichten, denn eben aus dieser bösen Welt ist sie, Schwester Lenchen, geflohen, und das schon vor langer Zeit. Seit eh und je versorgt sie oben ihren Dienst.
Unten oder im Schwesternzimmer – Sammelbecken für Schwestern, Ärzte, Telefonate und Neuigkeiten – läßt sie sich nur im Notfall blicken. Immer ist sie hier oben und flitzt geschäftig hin und her, von den Betten zu dem Schrank, von dem Schrank zu den Zimmerchen, von den Zimmerchen zu Saal K, von Saal K zu ihren Patientenberichten, die sie führen muß. Und das Düstere und Elende des Saales versucht sie mit Blumen und Pflanzen wettzumachen. Ich glaube, sie kümmert sich um ihre Blumen mit der gleichen Fürsorge, mit der sie sich um ihre Patientinnen kümmert.
Blumen brauchen Wasser.
Patienten brauchen Essen, Trinken und Medikamente.
Aber ich darf ihr kein Unrecht tun: Wenn jemand weint, ist Lenchen zur Stelle und versucht alles Erdenkliche, den Tränenfluß zum Stillstand zu bringen. So schade, daß ich nicht weinen kann.
Denn wer nicht weint, wird von Lenchen nicht getröstet. Die Häufigkeit der Tränen ist für sie das unbestechliche Maß, mit dem sie die seelische Verfassung der Patientin mißt.
»Schwester Lenchen«, sage ich und unterbreche damit die Überlegungen von Frau Pf., »glauben Sie, daß ich unglücklich bin?«
»Unglücklich? Nein. Warum fragst du das?«
»Nur so. Glauben Sie, daß ich glücklich bin?«
»Ich weiß, daß du Schwierigkeiten hast. Manchmal machst du einen glücklichen Eindruck.«
Sie denkt nicht daran, sich festzulegen. Das ist immer so mit ihr. Es regt mich ein wenig auf.
»Sie glauben, daß Sie diplomatisch sind, aber Sie sind es nicht.« Ich stehe auf. »Aber ich liebe Sie trotzdem. Machen Sie die Tür für mich auf?«
»Wo gehst du hin?«
»Wieder nach unten. Ich habe heute morgen mit Stricken angefangen. Das will ich jetzt weitermachen.« Ich weiß nicht, ob sie mir glaubt, aber sie kommt mit mir und öffnet mir die Tür.

Feierabend ab 11 Uhr vormittags

Unten befinden sich die Strick- und Häkelsachen, die Scheren, die Nadeln, und vor allem die Stricknadeln, schon wieder in Sicherheit: Der Schrank ist abgeschlossen, und die Patientinnen sitzen ohne Beschäftigung herum. Es ist jetzt 11 Uhr vormittags.

Und obwohl es erst 11 Uhr vormittags ist, ist der Tag bereits gelaufen. Die Arztvisite – wichtigstes Ereignis des Tages –, die Beschäftigungstherapie, die haushaltlichen Tätigkeiten: All das ist für heute abgehandelt.

Es ist sozusagen Feierabend. Den weiteren Tag hat die Patientin zu ihrer eigenen Verfügung. Es sei denn, die Sportlehrerin kommt heute. Doch auch das würde nur die Patientinnen, die unter 40 sind, betreffen, und die kann man an den Fingern abzählen. Es befinden sich vielleicht 15 Patientinnen im Tagesraum. Zwei von ihnen sind leise im Gespräch. Die übrigen sitzen und starren vor sich hin und schweigen. Und warten. Im Korridor hat Frau M. ihren Spaziergang aufgenommen. Ansonsten herrscht Ruhe und Stille.

Bis die übrigen Patientinnen von der Arbeitstherapie herunterkommen: Es sind die lebhafteren. Menschen, die noch reden und ab und zu lachen können.

Anita ist unter ihnen, und schon setzen wir uns beide ans Klavier. Und spielen unsere drei Quatre-Mains durch. Leider ist unser Repertoire damit erschöpft. So daß wir wieder von vorne anfangen.

Unsere Mitpatientinnen ertragen es. So wie sie es jeden Tag ertragen. Vielleicht haben sie Angst vor uns. Denn wenn wir zusammen sind, lachen wir oft und viel. Vielleicht billigen sie uns auch unsere Jugend zu und sind tolerant.

Zweimal spielen wir unsere drei Quatre-Mains durch, und dann gehe ich zum Tischtennisraum. Wo, wie immer, Anna neben dem alten Plattenspieler steht und eine Platte aufgelegt hat. Immer die gleiche Platte. Den ganzen Tag. Jeden Tag wieder. Anna steht daneben und tanzt ab und zu ein wenig. Nie setzt sie sich hin. Nie sagt sie ein Wort. Sie ist 16 Jahre alt. Und schon ewig hier.

Ich stehe eine Weile rum, gehe dann wieder.

Wohin? Nach oben? Nein. Noch nicht.

Also wieder in den Tagesraum.

Anita sitzt am Fenster und redet mit einer neuen Patientin. Ein 1/3-Fall. Was bedeutet, daß sie erst in Pavillon 1 war, wo man darauf spezialisiert ist, Magen auszupumpen.

Es gibt etliche 1/3-Fälle in Pavillon 3.
Ich schaue auf die Uhr. 11 Uhr 25. Ich hätte Lust auf eine Zigarette. Aber ich kann mein Versprechen nicht brechen. Wenigstens nicht gleich am ersten Tag. Vielleicht holt K. mich bald. Er wird mir eine Zigarette geben. Und dann ist es legal.

Im Korridor geht Frau M. auf und ab. Auf und ab.
Bis vor kurzem stand ihr Name auf der Liste der Wanderer: jener Kategorie, die einmal in der Woche unter Aufsicht von zwei Schwestern in Zivil (aus Rücksicht auf die Patientinnen oder aus Rücksicht auf die Normalbürger draußen?) einen Spaziergang durch den Stadtpark machen. Der Stadtpark liegt direkt neben dem Krankenhausgelände, und es ist ruhig dort, und es gibt Rosen. Schöne, wundervolle Rosen. Selbstverständlich handelt es sich bei diesen Wanderern nur um solche Patientinnen, bei denen keine Fluchtgefahr besteht und kein abweichendes Verhalten zu erwarten ist. Ca. 16 Patientinnen erfüllen diese Voraussetzungen, und, wie gesagt, bis vor kurzem auch Frau M. Bis sie während eines Spazierganges – entgegen dem ausdrücklichen Verbot der wachhabenden Schwestern – ihr viel zu großes Anstaltskleid hochzog und sich mitten im Park hinhockte und pinkelte. Seitdem darf sie nicht mehr mit. Arme Frau M.

Gerade wird der Essenwagen durch die Außentür geschoben.
Langsam steige ich die Treppe hinauf. Oben steht die Tür offen, und ich kann ohne weiteres Lenchens Reich betreten.
Frau Pf. liegt im Bett und liest die Zeitung.
Frau K., die taub und fast blind ist, sitzt schon am Tisch.
Frau G. liegt wieder in ihrem Zimmerchen.
Und Schwester Lenchen durchsucht die Nachtschränke.
»Das Essen ist bald da«, kündige ich an.
»So spät schon wieder?« sagt Lenchen, für die die Zeit im Pavillon 3 offenbar zu schnell geht.
»Halb 12«, sage ich, »was suchen Sie eigentlich?«
»Ich tue nur meine Pflicht«, erwidert sie. Unverbindlich. Wie so oft. Aber die Antwort zu meiner Frage ist mir inzwischen selbst schon eingefallen: Auftrag von Schwester M.: Offenbar sind mehrere Patientinnen im Besitz von Streichhölzern.

Bitte um die letzte Spritze

Frau d. W. tritt ein. Sie geht langsam, wie immer, denn sie hat keine Eile, und Frau d. W. wird nichts tun, wozu sie keine Lust hat. 36 Jahre ist sie alt. Wie viele Patientinnen hat auch sie eine Spezialbeschäftigung, die ihr den Tag kürzer macht.

Anna, zum Beispiel, hört den ganzen Tag die gleiche Schallplatte.
Frau M. geht den ganzen Tag spazieren.
Anita hat ihre schizophrene Skulptur.
Frau d. W. hat ihren Zynismus.
So bittet sie zum Beispiel fast jeden Abend die diensthabende Nachtschwester um eine Spritze. Nicht irgendeine Spritze. Sondern die letzte Spritze, die endgültige Spritze, die tödliche Spritze. Schließlich verteilt die Nachtschwester jede Menge Schlaftabletten, weshalb nicht auch eine Spritze?
Der tödliche Ernst, mit dem Frau d. W. um diese Spritze bittet, ihr verächtliches Lächeln, wenn die Bitte abgelehnt wird, macht aus ihr einen Menschen, den es lohnt, näher kennenzulernen.

»Was macht Schwester Lenchen?« Sie spricht langsam und leise.
»Sie sucht Streichhölzer«, antworte ich.
»Zu dieser Zeit?«

Mittagessen und Mittagsruhe
Das Essen wird hereingebracht: abgepaßte Portionen.
Es essen nur einige wenige Patientinnen oben: Diejenigen, die eine Spezialität bekommen, und diejenigen, die aus Sondergründen nicht unten essen können oder dürfen. Hier oben gibt es keine Messer.
Salat gibt es heute und Kartoffeln und Fisch. Es ist Freitag.
Schwester Lenchen sieht zu, daß jedem der richtige Teller vorgesetzt wird. Dann kümmert sie sich um Frau Pf. Denn alleine kann Frau Pf. nicht aus dem Bett kommen. Sie braucht Lenchens Schulter, um sich langsam, langsam aufzurichten und aufzustehen. Aber die zwei Meter von ihrem Bett zu ihrem (festen) Platz am Tisch geht sie selbst. Frau Pf. hat schließlich auch ihren Stolz.
Erschöpft, aber mit sich zufrieden läßt sie sich schließlich noch den Stuhl zurechtrücken.
In dem Moment sagt jemand: »Eins ... zwei ... hopp!«
Es ist Frau Sch. Sie schaut starr vor sich hin auf ihren Teller, aber sie hat es gesagt. Frau Pf. wird nämlich immer mit »eins ... zwei ... hopp« von zwei Schwestern wieder in ihr Bett gehoben. Keiner sagt etwas. Auch Frau Pf. nicht. Man fängt an zu essen. Aber die Bemerkung hängt schwer im Raum.
»Ich habe keinen Hunger«, sage ich, denn ich halte die Stille nicht mehr aus.

Es antwortet Frau d. W.
»Wirst du wieder deine Schauspieltalente vorführen?« Und sie lächelt vor sich hin.
Und ich fühle, daß etwas in mir getroffen wird. Etwas Weiches, etwas, das ich schützen muß, etwas, das ich nicht geschützt habe.
Oh, d. W., sage nicht solche Sachen. Nicht wenn Lenchen da ist. Sage es, wenn wir unten sind. Aber nicht hier oben. Zerstöre nicht meine Welt hier oben. Unten kannst du sagen, was du willst. Unten habe ich keine offenen Stellen, wo du Wunden einreißen kannst.
»Frau d. W.«, sage ich, »warum kümmerst du dich nicht um deine eigenen Sachen?«
Sie hebt die Augenbrauen.
»Wirst du aggressiv? Du kannst dich ja austoben. Schwester Lenchen ist da.«
Sie ist mir haushoch überlegen. Sie ist die einzige in Pavillon 3, die mich wirklich durchschaut. Und ihr fehlt die Lebensfreude und Menschenliebe, um sich die Mühe zu geben, Rücksicht auszuüben.
»Irgendwann«, fügt sie hinzu, »wirst du mit deinem Verhalten auf D landen. Und dann hast du nichts mehr zu lachen. Weißt du das?«
Vor mir steht mein Teller. Ich habe keinen Appetit. Ich habe fast nie Appetit. Und jetzt könnte ich Frau d. W. den Teller an den Kopf werfen. Um ihr die Gültigkeit ihrer letzten Bemerkung zu beweisen.
Aber sie würde nur lächeln, mehr nicht.
Ich nehme den Löffel auf und fange an zu essen. Es herrscht Schweigen ringsum. Hat Lenchen überhaupt etwas verstanden? Inwieweit durchschaut sie mich? Ich weiß es nicht. Ich will es auch nicht mehr wissen. Ich habe jetzt nur einen Wunsch: Lasse die Essenszeit bald vorbei sein. Ich möchte unten sein. Wäre ich nur unten. Unten ist eine andere Welt.
Schließlich gibt Lenchen das Zeichen. Die Mahlzeit ist beendet. Ich verlasse eiligst den Saal, gehe durch den Flur, erreiche die Treppe, entschließe mich dann, zurückzukehren.
Ich gehe direkt auf Lenchen zu.
»Schwester Lenchen«, sage ich – was will ich eigentlich sagen? Ich möchte nur, daß sie mir etwas Nettes sagt –, »ist es wirklich wahr, daß ich nach D verlegt werden kann?«
»Das«, antwortet sie, und sie schaut mir fest in die Augen, »habe ich nicht zu bestimmen.« Und läßt mich stehen. Wendet sich

Frau Pf. zu. Und weiß genau, daß ich sie brauche. Es ist ihre Rache.
Es ist 11 Uhr 55.
Der Tagesraum hat sich allmählich geleert. Als nächstes steht die Ruhestunde auf dem Programm. Und da bis 2 Uhr sowieso Rauchverbot besteht, ist es für viele gleich, ob sie nun unten auf einem Stuhl sitzen oder oben im Bett liegen. Vor sich hin starren kann man so oder so. Für die Glücklichen, die viele Medikamente bekommen, ist die Ruhestunde sogar eine erfreuliche Sache: Sie dürfen sich hinlegen und können eine Stunde schlafen. Erst um Viertel vor 2 werden sie wieder aus dem Bett gescheucht. Weshalb ist mir eigentlich nicht klar. Warum Menschen, für die der Tag eine einzige Qual ist, aufwecken und aus dem Bett holen? Warum ein Verbot, sich tagsüber hinzulegen und zu schlafen? Muß die Quälerei denn unbedingt verlängert werden?

»Bald ist es zwei« sage ich, »dann können wir rauchen.«
Es ist 12 Uhr 30, und K. ist immer noch nicht erschienen. Hat er mich vergessen?
Oben im Saal herrscht die übliche Ruhe. Nein, mehr als die übliche Ruhe. Es gibt jetzt keine Schwestern, die geschäftig hin und her gehen und den üblichen Lärm verursachen. Kein klirrendes Schlüsselbund, keine Medikamentengläser, keine Schränke, die auf- und zugeschlossen werden, keine hastigen Schritte, die im Flur widerhallen. Auch Schwester Lenchen ist nicht da. Sie hat Mittagspause. Es ist eine Vertreterin da. Die Patientinnen liegen in ihren Betten, und sie schaffen es, ein absolutes Schweigen, die absolute Stille zu bewahren. 13 Betten stehen eng nebeneinander entlang den vier Wänden aufgereiht. Jedes Bett wird vom nächsten durch eine Schiebegardine getrennt. Aber ganz zuschieben darf man die Gardine nicht. Sonst wäre man ja unbeobachtet. Und das darf nicht sein. Nicht in Pavillon 3.
13 Menschen in einem Raum zusammen. Und nebenan, durch keine Tür getrennt, Saal K: noch einmal 13 schweigende Patientinnen. Diese Stille, dieses Schweigen, so mitten am Tag, wenn durchaus nicht alle schlafen. Es ist unnatürlich. Es ist erdrükkend.
So stehe ich neben meinem Bett und ziehe mich aus. Und lege mich hin. Und weiß, daß ich nicht schlafen kann.
Vielleicht läßt K. mich holen. Vielleicht.
Wie wird es aussehen, wenn das Gespräch vorbei ist? Wenn er

mich in die Abteilung zurückbringt? Wenn die Tür hinter mir zufällt?
Wenn es Freitagnachmittag ist und bis Montag Leerlauf?
Ich muß mich auf jetzt konzentrieren. Nicht auf das, was irgendwann, in ein paar Stunden, mal sein wird. Ich lebe jetzt. Jetzt. Nicht nachher. Nicht morgen. Nicht gestern. Nicht vor einem Jahr.
Ich liege im Bett. Und der Saal ist düster. Und es gibt keine Farben. Die Bettdecken sind weiß, und die Nachthemden auch. Und der Himmel, der karierte Himmel, den ich sehe, ist grau und leblos und häßlich. Und ich will nicht mehr leben. Keinen einzigen Tag mehr, keine einzige Stunde mehr. Ich habe mein Leben gehabt. Es ist vorbei. Dies ist die Endstation.
Ich möchte sterben.

Ich muß jetzt etwas tun. Ich kann nicht so weiter liegen bleiben. Denn dann bricht irgend etwas in mir, dann explodiere ich.
Ich werde Tagebuch schreiben. Mein Tagebuch liegt in meinem Nachtschrank. Ich brauche nur den Arm auszustrecken und mich aufrecht hinzusetzen. Doch wieviel Mühe kostet es, die erste Bewegung zu machen. Wieviel Mühe.
Ich kann nicht. Aber ich kann auch nicht so liegen bleiben.
Eine Patientin tobt.
Ich gebe mir einen Ruck.
Ich setze mich auf.
Ich nehme mein Tagebuch zur Hand und einen Schreiber.
Doch in dem Moment, wo ich das erste Wort niederschreiben will, wird Ina von zwei Schwestern hereingebracht.
An Ina hatte ich gar nicht mehr gedacht. Sie hatte sich hinter dem Schrank im Tagesraum versteckt, als Anita und ich nach oben gingen. Das tut sie öfters. Sie versucht auch dauernd wegzulaufen und pendelt hin und her zwischen der D-Abteilung und hier oben.
Ina wird hereingebracht, und sie lächelt, und die Schwestern haben ihre Arme im Polizeigriff. Sie wehrt sich, aber nur ein bißchen. Sie wird zu ihrem Bett gebracht und soll sich ausziehen. Sie weigert sich aber, und jetzt versuchen die Schwestern, sie mit Gewalt auszuziehen. Aber mit Gewalt ist bei Ina nichts zu erreichen. Es löst nur ihre eigene Gewalttätigkeit aus. Und Ina ist jung und groß und stark. Sie schlägt von sich ab, tritt mit den Füßen, beißt.
Und schon hängt eine der Schwestern am Telefon und schlägt Alarm. Von Mittagsruhe ist jetzt nicht mehr die Rede. Die

Patientinnen liegen schweigend im Bett und sehen sich das Schauspiel an.
Eine Minute später erscheint Schwester M. und noch eine Schwester. Man holt den Gurt aus dem Schrank. Und Ina wird gewaltsam ausgezogen und auf das Bett hingelegt. Eine Schwester hält ihre Schultern nach unten, eine Schwester setzt sich auf ihre Beine, und die beiden anderen Schwestern befestigen den Gurt ans Bett und schnallen sie fest. Mit einem kleinen Schlüssel wird der Gurt zugeschlossen: Keine Menschenkräfte sind im Stande, diesen Gurt zu zerreißen.
Die Prozedur hat Ina natürlich nicht gerade ruhiger gemacht. Mit ihren langen Beinen versucht sie, gegen das nächste Bett zu treten. Woraufhin zu beiden Seiten die Betten samt Patientinnen so weit wie möglich zur Seite geschoben werden. Und Inas Bett wird zur Mitte hingerollt, denn sie versucht, sich den Kopf gegen die Wand einzuschlagen.
Jeder Möglichkeit, ihre Aggressionen abzulassen, beraubt, fängt sie an zu schreien. Ständig und mit voller Kraft. Es ist ein so furchtbares Geschrei, so durch Mark und Bein gehend, daß mein Kissen, das ich mir über den Kopf gezogen habe, die Schreie kaum dämpft.
Lange werden die Schreie nicht andauern. Dagegen gibt es ein bewährtes Rezept. Den Arzt hat man schon gerufen. Bald kommt er auch.
Es ist K. Und die Spritze hat er dabei. Die sogenannte K.o.-Spritze. Im Grunde genommen ist es ein gutes System, wenn man es zu nutzen vermag: Erscheint der Tag einem unendlich lange und unendlich leer, aber man kann nicht schlafen, dann stellt man sich einfach hin und fängt an zu schreien. Und hört nicht mehr auf. Dann bekommt man eine K.o.-Spritze und wacht erst Stunden später, betäubt, lahm, und ruhiger, wieder auf.
5 Minuten, nachdem Ina die Spritze bekommen hat, herrscht wieder Ruhe im Saal. Die Schwestern und K. sind abgezogen. Ina rührt sich nicht mehr.

Es ist nichts geschehen. Oder doch? Von weit weg, irgendwo von unten, erklingen Schreie, lange, furchtbare Schreie. Weit, weit weg.
Es sind die Patientinnen von Korridor D, und Korridor D liegt unten, noch hinter der D-Abteilung. Wenn man oben im Saal aus dem Fenster schaut, kann man das Dach von Korridor D sehen.
Es ist tatsächlich ein langgestreckter Korridor, und wenn man

langsam durchgeht, hat man die offenen Kabinen an einer Seite, als gehe man den Korridor in einem Eisenbahnwaggon entlang. Diesen Kabinen fehlt jede Menschlichkeit, jede Auflockerung, jedes Leben. In jeder Kabine liegt eine Patientin festgeschnallt im Bett. Und das Bett ist oft der einzige Gegenstand in der Kabine. Die Nachtschränke sind meistens außer Reichweite weggerollt worden. Wer in Korridor D liegt, liegt da meistens Monate lang, wenn nicht für immer.
Eine Kabine wird immer freigehalten. Für Neuaufnahmen oder für Patientinnen aus den übrigen Abteilungen, die plötzlich durchdrehen.

Warten, bis geraucht werden darf

Tagebuchschreiben ist jetzt nicht mehr möglich. Ich bin innerlich zu sehr erregt. Ich liege, meinen Kopf unterm Kissen, und zittere am ganzen Körper.
Genau um Viertel vor 2 ist die Ruhestunde beendet.
Und es ist überraschend, wie plötzlich eine ganz gewisse Kategorie von Patientinnen aufsteht und mit welcher Schnelligkeit sie sich anzieht: Es sind die Nikotinsüchtigen. Ab 2 darf geraucht werden. Unten im Tagesraum. Während ich mich anziehe, höre ich, wie die Schwester die Tür zur Treppe öffnet. Toll. Denn ich weiß, daß heute nachmittag Schwester A. im Tagesraum Dienst hat. Die holt die 2 Feuerzeuge auch schon mal früher zum Vorschein. Und oft bedarf es dieser Feuerzeuge gar nicht. Sobald die Patientinnen unten sind, rauchen sie auch schon, denn praktisch jeder ist trotz Suchaktionen im Besitz von Feuerzeug oder Streichhölzern. Und Schwester A. drückt beide Augen zu.
Gerade wenn ich durch die Tür zur Treppe gehen will, kommt mir Schwester Lenchen entgegen. Was macht sie hier so früh? Normalerweise ist sie erst um 2 wieder da und scheucht die letzten Patientinnen aus den Betten.
»Moment«, sagt sie, »wo gehst du so früh hin? Es ist doch noch gar keine Zeit?«
»Die Tür ist doch offen? Ich gehe nach unten.«
»Es kommt gar nicht in Frage. Bis 2 Uhr dürfen die Patienten nicht nach unten.« Und sie schließt die Tür.
»Schwester Lenchen, müssen Sie so sein?«
»Du weißt ganz genau, daß vor 2 niemand nach unten darf.«
Und damit läßt sie mich stehen und geht in den Saal. Die anderen haben wohl schon gehört, daß Lenchen wieder im Lande ist, denn es erscheint niemand mehr im Flur. Sie sitzen jetzt wohl auf

ihren Betten und warten. Wie sinnlos. Wie sinnlos! Immer warten. Warum immer warten? Warum? Wut kommt in mir hoch, und ich trete gegen die Tür. Was Lenchen natürlich nicht überhört. Sie ist sofort zur Stelle und sagt, daß ich das besser unterlasse.
»Aber ich will runter!« rufe ich. Und trete noch einmal gegen die Tür.
»Du gehst jetzt sofort in den Saal«, sagt Lenchen, »sonst kommst du überhaupt nicht mehr nach unten.«
»Wie immer«, sage ich, bitter. Und lasse mich auf einen der Stühle im Flur hinfallen. Und warte bis es 2 Uhr ist. Denn Lenchen ist dazu im Stande, Schwester M. anzurufen, und das bedeutet Schwierigkeiten.

Der sinnlose Nachmittag

Als wir in den Tagesraum einströmen, ist Schwester A. da und hat die großen klobigen Feuerzeuge schon aus dem Schrank hervorgeholt. Und dann herrscht 5 Minuten lang Hochstimmung. Zu keiner anderen Tageszeit herrscht dieses Gefühl der tiefen Erleichterung, der befriedigten Wünsche. Aber es ist ein kurzlebiges Gefühl. Nikotin ist kein Opium: Nach 5 Minuten ist alles schon wieder wie vorher. Und lange ist der Nachmittag. Es ist eine qualvolle Zeit.
Die Hochstimmung ist erloschen. Man hat sich irgendwo niedergelassen. An einen Tisch oder auf einen der Stühle, die an der Wand entlang aufgereiht stehen. Fast keiner ist im Stande, auch nur irgendeiner sinnvollen Beschäftigung nachzugehen.
Ein »Gesunder« würde jetzt vielleicht ein Buch zur Hand nehmen, ein Gespräch anfangen, im Innenhof Crocket spielen, ein Kartenspiel vorschlagen, Tischtennis spielen, Schallplatten hören. So wie ich, vor langer, langer Zeit, an meinem zweiten Tag in Pavillon 3 ein Buch aus dem Bücherregal nahm und den ganzen Tag in einer Ecke saß und las. Und so das Unglaubliche meiner Umgebung aus dem Bewußtsein strich. Es war das erste und letzte Buch, das ich hier gelesen habe. Denn am dritten Tag hatte ich bereits die Fähigkeit, längere zusammenhängende Texte zu lesen, verloren: Pavillon 3 hatte mich in seinen eisernen Griff genommen.
Ich schaue auf die Uhr. Es sind nur 5 Minuten vergangen.
Ich sitze still und regungslos, die Wand in meinem Rücken. Und die anderen sitzen auch still und regungslos. Und starren vor sich hin. Wie schön, wenn heute morgen wäre. Dann würde die Volkstanzlehrerin jetzt, in diesem Augenblick, den Plattenspie-

ler aufbauen. Dann würden diejenigen aus der D-Abteilung, die einigermaßen sicher auf den Beinen stehen, hereingebracht werden. Dann würde es ein volles Haus geben. Und dann die Musik: Volkstanzmelodien aus dem Osten, die dir das Gefühl geben, als wärst du gar nicht in Pavillon 3.
Ich begebe mich zum Tischtennisraum. Aber ich hätte es wissen können: Anna ist schon da. Es macht aber nichts. Ich besitze nur zwei Langspielplatten, und die versetzen mich auch nicht mehr in Hochstimmung. Manchmal, am Wochenende, wird der gute Plattenspieler aus D herübergeholt. Es ist erstaunlich, wie viele Schallplatten dann plötzlich zum Vorschein kommen.
Ich verweile eine Weile im Tischtennisraum, gehe dann wieder zurück in den Tagesraum: Vielleicht gibt es etwas Neues, etwas Aufregendes, etwas Schönes, etwas Noch-nie-da-gewesenes, etwas...
Sie sitzen da wie immer. Leere Augen, leere Gesichter. Tot, tot, tot.
»Schwester A.«, ich gehe auf die Tagesraumschwester zu, »Dr. K. hat gesagt, daß er heute mit mir sprechen will. Gegen Mittag, hat er gesagt. Jetzt ist es schon Viertel nach zwei.«
»Er kann das nie so genau wissen, das weißt du doch«, sie legt einen Arm um mich.
»Ich möchte aber, daß er bald kommt. Vielleicht werde ich entlassen.«
»Das wäre schön für dich«, antwortet Schwester A., die natürlich genau weiß, daß ich nicht entlassen werde: an einem Freitagnachmittag schon gar nicht. »Wenn er um 4 Uhr immer noch nicht gekommen ist, werde ich im Schwesternzimmer nachfragen, in Ordnung?«
»O ja«, sage ich, »ich helfe Ihnen auch gleich beim Tee einschenken.«
»Fein«, sagt sie.
Ich helfe ihr gerne beim Tee ausschenken. Nicht, weil Schwester A. durch Arbeit überbelastet ist, sondern um eine Gemeinsamkeit zwischen ihr und mir herzustellen. Es ist das ewige Spiel: Ich bettele um Liebe, bin aber nicht im Stande, es auszusprechen. Ich brauche diese Liebe. Und nicht nur von Schwester A. Auch von Schwester Lenchen. Und von Schwester E., die fast nie da ist. Und sogar von Schwester M., die für mich unnahbar bleibt. Nie könnte ich das Spiel, das ich mit Lenchen spiele, mit Schwester M. spielen. Nie könnte ich sie mit meinen traurigen Bettelaugen ansehen, die bei Schwester E. so starke Muttergefühle hervorrufen. Aber was Schwester M. mit Lenchen, mit E., mit A. gemein-

sam hat, ist, daß auch sie des öfteren einen Arm um meine Schulter legt: Das sind die Momente des höchsten Glücks: ein Mensch, der getröstet wird und der unglücklich sein darf, der Glück in seinem Unglück findet, wenn er nur getröstet wird.
Schwester A. bringt die Tassen bereits herein, aber Tee gibt es erst um 3, und jetzt ist es erst 2 Uhr 20.

»Die Gymnastiklehrerin ist da!« Es ist Schwester R., die eingetreten ist , »alle, die jung genug sind, müssen hin. Bitte nach oben, meine Damen. Frau Z. wartet schon.«
Für die nächsten 45 Minuten hat sich damit mein Problem gelöst: Gymnastik. Und mir graut davor. Diese kleine Gymnastikhalle, mit vergitterten Fenstern und geschlossener Tür, düster und klein. Doch darüber kann man noch hinwegsehen. Es sind die Menschen, mit denen man Gymnastik macht: es ist unmöglich, ein organisiertes Ballspiel mit ihnen zu spielen. Und was bleibt, ist eine entsetzliche Entfremdung, eine Leere.
Unten hat Schwester A. den Tee schon herumgereicht. Und K. hat noch nicht nach mir gefragt.

Eine freche Antwort des Arztes
Fast halb vier ist es, als Dr. K. in der Türöffnung erscheint.
Ich gehe rechts neben ihm her. Er schließt die Vordertür auf, und wir stehen in der Halle, rechts neben uns das Schwesternzimmer. Die Halle ist direkt mit draußen verbunden. Zehn Meter und keine Tür trennen mich von der »Freiheit«.
Gleich hinter dem Schwesternzimmer biegen wir nach rechts ab: der Korridor, wo die Patientinnen ausharren müssen, wenn Große Visite ist. Hier befindet sich auch K.'s Zimmer.
Erst als er sich hinter seinem Schreibtisch niederläßt und ich mich des Patientenstuhls bemächtige, breche ich das Schweigen.
»Wann kann ich denn nun weg?« frage ich.
»Das weiß ich nicht«, sagt er, »aber ich tue, was in meinen Kräften liegt, damit so bald wie möglich eine Entscheidung getroffen werden kann.«
»Wie lange wird es dauern bis dahin?«
Er schüttelt den Kopf.
»Das kann ich Ihnen nicht sagen. Ich will so bald wie möglich mit Dr. T. sprechen.« Dr. T. ist der Stellvertreter von Professor K., der im Urlaub ist. Mir ist nicht klar, was für Neuigkeiten eine Konsultation mit Dr. T. bewirken kann, da ich ihn noch nie gesehen habe und er mich entsprechenderweise auch nicht. Oder

ist der Mann ein so guter Arzt, daß er, ohne mich zu kennen, weiß, was gut für mich ist?
»Sie können doch sagen, wie lange es ungefähr dauern wird?«
»Nein. Das kann ich nicht. Ich möchte, daß eine Lösung gefunden wird. So lange werden Sie hier bleiben müssen.«
»Und wenn es keine Lösung gibt?«
»Dessen bin ich mir immer noch nicht sicher.«
»Ich will hier weg«, wiederhole ich.
»Du wirst wirklich warten müssen.« Wenn er mich duzt, ist meistens nichts mehr herauszuholen.
»Dann möchte ich«, sage ich trotzdem, »daß Sie meinen Vater anrufen. Wenn er seine Einwilligung gibt, dann kann ich gehen, wohin ich will.«
»Deinen Vater? Dazu besteht im Moment kein Anlaß.«
Und das, K., ist eine freche Antwort. Denn wir haben eine Verabredung getroffen, damals, am späten Nachmittag des ersten Tages: Ich habe damals eingewilligt, hier zu bleiben, obwohl ich in einem Schockzustand war, denn ich hatte schon sechs Stunden Pavillon 3 hinter mir.
Und du, K., warst es, der wesentlich zu meinem Entschluß beigetragen hat. Dein vernünftiges Reden, dein Versprechen, daß ich jederzeit gehen könne: Es würde aus rechtlichen Gründen nur das Einverständnis meines Vaters bedürfen, weil ich erst 17 bin. Jederzeit, hast du gesagt, und ich habe mich stark gefühlt, so stark, um diese Bürde auf mich zu nehmen und hier zu bleiben.
Und ich darf dich auch daran erinnern: drei Wochen, hast du gesagt. Drei Wochen würde die Untersuchung dauern. So wie ihr jedem neuen Patienten sagt: drei Wochen. Die meisten sind hier schon länger als ein halbes Jahr!
Und ich habe es bisher noch nicht miterlebt, daß jemand nach drei Wochen entlassen wurde.
Drei Wochen, hast du gesagt. Und ich habe die Bürde auf mich genommen, und sie war zu schwer, um sie so lange zu tragen. Sie hat mich erdrückt. Sie hat mich meiner Menschenwürde beraubt. Ich habe etwas wesentliches verloren. Das Nachher wird nie mehr so sein wie das Vorher. Nie mehr.
Und jetzt siehst du keinen Anlaß, meinen Vater anzurufen.
»Wir haben damals eine Verabredung getroffen«, sage ich, »auf meinen Wunsch hin würden Sie jederzeit meinen Vater anrufen.«
»Ja«, antwortet er, »aber ich sehe jetzt die Notwendigkeit davon nicht ein.«
Du willst also nicht. Nun gut.

»Kann ich dann wenigstens dieses Wochenende nach D.?«
Zwei Wochenenden war ich schon in D. Bei der Familie Fr.
»Nein«, sagt K.
Und diese Antwort habe ich nicht erwartet. Das andere, mit meinem Vater und so, das schon eher, aber dies nicht.
»Und warum nicht?« erkundige ich mich, äußerlich ruhig.
»Niemand kann mir garantieren, daß du wieder zurückkommst oder keinen Selbstmord begehst.«
Wenigstens zeigt K. damit, daß er zu Originalität im Stande ist. Denn von Selbstmord ist in unseren Gesprächen noch nie die Rede gewesen. Ich habe ihm gegenüber weder den Wunsch geäußert, mich umbringen zu wollen, noch habe ich je einen Selbstmordversuch unternommen.
Aber er hat natürlich die Schwesternberichte gelesen. Und wenn ich einen Gürtel um meinen Hals lege und Anita vor den Augen der diensthabenden Schwester bitte, zuzuziehen, dann kann es gut sein, daß hinterher im Tagesbericht steht, daß ich Selbstmordabsichten habe.
Ob ich sie wirklich habe, ist eine andere Sache, und das kannst du, K., nicht wissen.
»Das ist kein Grund, mich hier zu halten«, sage ich etwas unlogisch, »Sie können mich nicht hierhalten.«
»O nein?« fragt er unschuldig, »warum nicht?«
Und damit ist jede weitere Fortsetzung des Gesprächs sinnlos geworden. Aber damit ist auch etwas anderes geschehen. Etwas, das ich noch nicht in Worte bringen kann. Etwas in mir. Eine Veränderung.
Während er mich zurückbringt, sind meine Gedanken in Chaos.
Ich muß Ordnung schaffen. Ich muß versuchen, meine Situation zu verstehen. Wenn ich in den Tagesraum eintrete, sitzen Frau d. W. und Anita noch am Tisch wie vorher.
»Das war aber kurz«, ruft Anita mir zu. Aber ich setze mich nicht zu ihnen: Ich muß nachdenken. Also wieder einen Stuhl in der Ecke. Damit ich die Wand im Rücken habe.

Narrenfreiheit

Ich bin innerlich aufgewühlt. Ich habe etwas verloren. Was denn? Was? Ja, jetzt weiß ich es: Ich habe die letzte Möglichkeit, mein Leben selbst zu bestimmen, verloren. Ist das so schlimm? Nein.
Im Gegenteil. Der Zwang, mein eigenes Verhalten gegenüber meiner Umwelt zu verantworten, ist plötzlich nicht mehr da. Ich

brauche mich jetzt nicht mehr auf eine bestimmte Art und Weise zu benehmen. Ich brauche nicht mehr zu antworten, wenn ich gefragt werde, warum ich mich verhalte, wie ich mich verhalte.
Ich bin unmündig geworden.
Und dadurch, daß ich diese Mündigkeit verloren habe, habe ich eine unermeßliche Freiheit gewonnen. Ich bin jetzt frei. Ich bin jetzt frei! Ich befinde mich in der geschlossenen Psychiatrie, im städtischen Irrenhaus, und ich bin frei, freier als ich jemals war!
Wird es je einen Menschen geben, der das versteht?
Mich erfüllt das Gefühl der unbegrenzten Stärke, der unbegrenzten Möglichkeiten. Ich bin frei. Endlich bin ich frei!
Ich werde jetzt meinen Bedürfnissen gerecht werden.
Ich kenne keine Zurückhaltung mehr, denn es hält mich nichts mehr zurück. Ich werde jetzt durch dieses Haus gehen und jedes Stückchen davon verinnerlichen.
Und ich werde das tun, wozu ich Lust habe.
Ich werde den Kampf suchen. Ich werde kämpfen. Ich werde...

»Was sitzt du so einsam und allein da?« Es ist Schwester M. Sie steht direkt neben mir und blickt auf mich herab.
»Ich denke nach«, sage ich. Und sie läßt sich neben mir nieder.
Wie selten. Wie selten tut sie das. Wie selten hat sie Zeit. Sie hat soviel zu tun, und es gibt so viele Patientinnen, die sie soviel dringender brauchen als ich. Oder brauche ich sie genauso dringend? Oder noch dringender?
»Hat Dr. K. schon mit dir gesprochen?«
Es ist, als ob sie immer alles weiß. K. hat heute morgen zu mir während der Arztvisite gesagt, er wird mit mir sprechen, und sie weiß es noch. Und mehr noch: Sie weiß auch, wie wichtig das Gespräch für mich ist.
»Ja«, antworte ich, »er hat mir gesagt, daß er noch nicht weiß, wann ich herauskomme.« Ich schaue sie plötzlich direkt an: »Ich kann nicht mehr, Schwester M., ich warte schon so lange.«
»Wie lange bist du jetzt hier?« fragt sie sachlich, obwohl sie natürlich genau weiß, wie lange ich hier bin.
»Zehn Wochen.«
»Und dann kannst du nicht noch einmal zwei oder drei Wochen durchhalten? Wenn du zehn Wochen durchgehalten hast, dann sind die letzten paar Wochen doch nur ein Klacks.«
Sie lobt mich also. Sie lobt mich, weil ich zehn Wochen »durchgehalten« habe. Also weiß sie, wie schwer das Leben in Pavillon 3 ist.

Natürlich weiß sie das. Es soll ja hauptsächlich ihr zu verdanken sein, daß Pavillon 3 jetzt nicht mehr so ist wie damals.
Frau d. W. drückt das so aus: »Mein Mann und ich, wir standen in der Halle vor der Tür. Und ich habe zu ihm gesagt: ›Ich klingele an, nicht du. Denn ich lasse mich in Pavillon 3 aufnehmen. Freiwillig. Hinterher kann ich dir dann nicht die Schuld zuschieben. Denn ich weiß, wie leicht es ist, in die Psychiatrie hereinzukommen und wie schwer es ist, wieder herauszukommen.‹«
Obwohl man Frau d. W. versichert hatte, daß die Zustände sich während dieser 13 Jahre erheblich gebessert haben, hatte sie das natürlich nur halb geglaubt, oder gar nicht geglaubt, denn sie hatte zu viele gegenteilige Erfahrungen gemacht.
Sie klingelte also und wurde aufgenommen. Und sie sah einen Tagesraum, einen Tischtennisraum, einen Fernseher und ein Klavier. Und sie sah Patientinnen, die herumgingen. Herumgingen! Nicht im Bett weggesperrt waren.
Schwester M. Vieles soll ihr zu verdanken sein. Menschlichkeit in der Unmenschlichkeit. Wie wird es hier in zehn Jahren aussehen?
»Wenn du zehn Wochen durchgehalten hast, dann sind die letzten paar Wochen doch nur ein Klacks.«
»Das sind Sie nicht, Schwester M. Sie sind unendlich lange. Und wer sagt, daß ich nach zwei Wochen tatsächlich herauskomme? Vielleicht sind es vier Wochen, oder sechs Wochen, oder acht Wochen.«
»Das könnte gut sein«, antwortet sie gelassen, »denn du arbeitest ja nicht mit.«
»Ich will nicht. Ich will nichts mehr.«
»Doch«, sagt sie, »eines willst du: Du willst dich selbst zerstören.«
»Und ich will hier weg«, füge ich hinzu, plötzlich hitzig, »und ich habe den Verdacht, daß Dr. K. mich hier einfach schmoren läßt.«
»Ja«, sagt sie, »und ich kann Dr. K. gut verstehen. Du mußt erst wieder etwas wollen. Wer zu einem Neurosenzentrum geht, muß leben wollen. Verstehst du das?«
»Ja«, sage ich, »schon. Ich verstehe. Und ich verstehe auch, daß ich hier weg will.«
»Und wohin?«
Ja, wohin? Wohin würde ich gehen? Wenn ich jetzt, in diesem Moment mit meinem Koffer vor der Tür stehen würde? Nun, ich würde das Krankenhausgelände verlassen. Und dann ist da die Straßenbahn. Ich fahre bis zum Zentrum der Stadt. Und dann

gehe ich durch die Straßen, ganz allein, keiner kümmert sich um mich, keine Bewachung, keine Schwestern. Ich würde in eine Telefonzelle gehen und meinen Bruder anrufen. Aber nein. Er hat ja kein Telefon. Würde ich mit der Eisenbahn hinfahren? Würde ich das tun? Oder würde ich weiter durch die Straßen gehen? Einsam und allein. Eine Welt, die mir fremd ist und die ich nicht verstehe und die ich bereits verlassen habe, als ich 13 war und die Flucht ins Internat antrat. Keine Geborgenheit. Nicht in dieser Welt.

»Weiß ich nicht«, sage ich. Was wiegt schwerer? Die Einsamkeit draußen oder die Depression drinnen? Oder würde ich die Depression draußen auch haben? Ich weiß es nicht. Ich weiß es nicht.

»Siehst du«, sagt Schwester M., »so wirst du nicht weiterkommen.«

»Aber ich will weg. Oder wenigstens eine Änderung dieser Situation. Irgend etwas muß geschehen.« Und es kommt mir eine Idee:

»Ich möchte ein Telegramm an meinen Vater schicken.«

»Ein Telegramm? Du kannst doch auch einen Brief schreiben?«

Post bleibt in Pavillon 3 unzensiert.

»Nein«, sage ich, »ein Telegramm. Sonst dauert es zu lange.«

»Wenn du unbedingt willst, kann ich das für dich machen. Was soll drinstehen?«

»Will sofort weg. Rufe Pavillon 3 an. Gib Ja-Wort. Rita.«

»Bist du sicher, daß du das richtige machst? Dies ist wirklich nicht der Weg zu einer Lösung. Wirklich nicht.«

»Aber ich will weg. Irgend etwas muß geschehen. Dr. K. läßt mich auch übers Wochenende nicht mehr gehen. Ich sitze fest.«

Und ich füge hinzu: »Ich werde ab jetzt jede Möglichkeit zur Flucht ergreifen.«

Was ich besser nicht hätte sagen sollen, denn auch Schwester M.'s Geduld findet ein Ende. Sie steht auf.

»Das wirst du nicht tun. Du wirst dich normal benehmen. Wenn nicht«, sie bleibt äußerlich ruhig, »wirst du mich von einer anderen Seite kennenlernen. Hast du verstanden?«

Und mit diesen Worten läßt sie mich zurück.

Ich renne die Treppe hinauf. Und das ist wirklich etwas Ungewöhnliches. Denn außer den Schwestern rennt hier nie jemand eine Treppe hinauf. Nicht im Pavillon 3. Hier bewegt man sich

langsam. Denn niemand hat es eilig, und die meisten bekommen zu jeder Mahlzeit eine Handvoll Pillen.
Oben ist die Tür zu. Ich trete mit dem Fuß gegen die Tür. Gleich dreimal.
Nun, das bringt Lenchen auf Trab: noch nie hat sie die Tür so schnell geöffnet.
»Bist du wahnsinnig?«
»Ja!! Ich bin wahnsinnig. Ich drehe durch. Lassen Sie mich herein.«
»Was willst du hier?«
»Nichts. Nur so. Unten drehe ich durch. Bitte, lassen Sie mich herein.«
»Nein! So schon gar nicht.«
»Bitte, Schwester Lenchen.«
»Versprichst du mir, daß du ruhig sein wirst?«
»Ich verspreche alles, was Sie wollen.«
Sie läßt mich herein. Im Saal ist außer Frau Pf. und der bewußtlosen Ina keiner da. Ich setze mich an den Tisch, und mein Blick fällt sofort auf das Tagesberichtsbuch. Lenchen ist noch im Flur.
Ich habe keine Skrupel. Jetzt nicht mehr.
Ich ziehe das Buch zu mir heran und schlage es auf.
Meinen Namen muß ich finden. Nein. Erst das Datum. Was für ein Datum ist denn heute? Ich habe keine Ahnung. Ach, natürlich, ich brauche nur die letzten Eintragungen durchzusehen. Mal sehen, was Lenchen vorgestern abend über mich geschrieben hat.
Aber dazu kommt es nicht, denn Schwester Lenchen ist ein wachsamer Mensch. Sie reißt mir das Buch regelrecht aus der Hand.
»Nichts für dich. Geh wieder nach unten. Wußte ich doch, daß du nur hierher kommst, um mich zu ärgern.« Sie ist wirklich irritiert.
Ich sage nichts. Und bleibe sitzen.
»Ich meine es doch nicht so«, sie ergreift meine Hand, »jetzt bist du ganz traurig. Du kannst hier bleiben. Wenn du nur keine Schwierigkeiten machst.«
»Ich habe Probleme, Schwester Lenchen.«
»Was denn?« Sie setzt sich neben mich hin.
»Ich komme hier nie wieder heraus.«
»Nie wieder? Wer sagt das?«
»Dr. K.«
»Das glaube ich nicht. Das würde er nicht sagen.«

»Aber denken.«
»Auch nicht denken.«
»Doch. Ich bin vielleicht geisteskrank.«
»Du redest Unsinn. Und du weißt es. Komm. Wir gehen zusammen zu Frau G.« Und sie nimmt meine Hand, und wir gehen zu einem der kleinen Zimmer. Frau G. liegt im Bett und hat die Augen zu. Und kaut. Und wir stehen neben dem Bett und schauen eine Weile schweigend zu. Frau G. kann weder sprechen noch den Sinn der Worte anderer erfassen. Sie kann weder sitzen noch stehen.
Sie kann nichts mehr.
Als wir wieder am Tisch sitzen, bin ich schon ruhiger.
Wir reden nicht mehr. Statt dessen schreibt Lenchen die Tagesberichte. Sie hat sich so hingesetzt, daß ich nichts sehen kann.
Es macht nichts. Es macht auch nichts, daß wir nicht reden.
Lenchen ist da, und ich sitze am gleichen Tisch, und sie hat nichts dagegen. Voller Wut und Unlust bin ich nach oben gestürmt, jetzt fühle ich mich ganz ruhig. Wieder ein bißchen wie vorher, vor dem Gespräch mit K.
Was ist bloß los mit mir? Meine Gefühle wechseln sich ab, wie der Tag die Nacht. Ich werde hin und hergerissen zwischen Wut und Liebe, zwischen Zerstörungsdrang und Selbstmitleid. Zwischen heller Freude und tiefster Depression. Je weiter der Tag fortschreitet, je stärker werden die Gefühle. Nur das Gefühl der Depression: Das ist vormittags am stärksten, ist aber spätestens um 7 Uhr abends verschwunden. Statt dessen entwickelt sich dann ein unwiderstehlicher Tatendrang, ein übermächtiges Begehren, den dünnen Faden des Glücks zu ergreifen: zu fühlen, zu fühlen, zu fühlen, glücklich zu sein! Und die Ohnmacht, die ich dann spüre, ist so immens, daß schon mancher Abend zur Katastrophe geworden ist.
Aber nicht jeder Abend: Manchmal bin ich im Stande, die Höhe zu erreichen, und erlebe Momente des höchsten Glücks.
Und wie, wie kann ich K. von diesen 1000 widersprüchlichen Gefühlen erzählen? Wo soll ich anfangen? Ich bin nicht einmal in der Lage, meine Gefühle genau zu beschreiben. Wie soll ich das Gefühl der Depression beschreiben? Es ist ein undefinierbares Gefühl. Es ist ein schreckliches Gefühl. Es ist das schrecklichste Gefühl, das es gibt. Es ist die Hölle. Und K. weiß nicht einmal, daß ich so fühle. Denn ich kann es ihm nicht mitteilen! K., hilf mir doch! Kannst du denn nicht sehen, was los ist mit mir?? Oder siehst du es nicht, weil sich meine Stimmung dauernd ändert?

Himmelhoch jauchzend und dann wieder zum Tode betrübt. Ich verstehe es selbst nicht mehr.

Hätte ich doch L. nicht verwerfen dürfen?
L. ist eine kleine Ortschaft, vielleicht 60 km von der Stadt entfernt. Dort befindet sich eines der wenigen Neurosenzentren, die es gibt. Meine Untersuchung in Pavillon 3, die drei Wochen dauern sollte, war nach acht Wochen zum Abschluß gekommen, und die hohen Herren, die man nie sieht, waren zu der Überzeugung gekommen, daß L. das richtige für mich wäre. L. oder die Familie Fr. in D., wo ich dann wohnen würde und ambulant eine Psycho-Therapie anfangen würde. Es wurde mit L. vereinbart, daß ich dort einen Tag zum gegenseitigen Kennenlernen verweilen würde.
Die Diskrepanz fing schon damit an, daß mir einfach eine Fahrkarte (eine Rückfahrkarte, wohlgemerkt) in die Hand gedrückt wurde und man mich alleine hinschickte: Morgens um 7 Uhr stand ich mutterseelenallein am Rande der Straße und wartete auf die Straßenbahn. Während der Fahrt beruhigte ich mich einigermaßen, aber ich konnte das Gefühl nicht loswerden, daß die übrigen Reisenden mich dauernd anstarrten und wußten, wo ich herkam. Schließlich bin ich auch noch falsch ausgestiegen und stand irgendwo an einem kleinen Bahnhof, weit weg von der großen Stadt. Dann habe ich einen Wegweiser nach L. gesehen und bin einfach der Straße entlanggegangen. Bis jemand neben mir anhielt und mich hingefahren hat. Im Institut war ich dann den ganzen Tag dermaßen gehemmt, daß ich weder normal reden konnte, noch mich auf die psychologischen Tests, die ich machen mußte, konzentrieren konnte. Am späten Nachmittag bin ich in die Stadt zurückgefahren. Zurück ins Irrenhaus.
L. habe ich natürlich verworfen. Und seitdem bin ich plötzlich eine Gefangene. Was K. heute offiziell bestätigt hat.

Die Strichliste
»So still?« Lenchen hat ihr Tagesberichtsbuch zugeklappt. Und sieht mich lächelnd an. Ein echtes Lächeln diesmal. Jetzt liebt sie mich wirklich.
»Sie haben doch geschrieben.«
»Ja. Und ich bin froh, daß ich jetzt damit fertig bin. Wie spät haben wir es denn? Schon halb 5?« Und sie steht auf und holt ihr Strichbuch zum Vorschein. Wie gesagt, für Lenchen geht die Zeit zu schnell.

Das Strichbuch ist eines ihrer wichtigsten Besitztümer. Ewig rennt sie damit rum. Und immer, wenn sie einer Patientin begegnet, kommt die Frage: ›Kann ich einen Strich für Sie aufschreiben?‹, was so viel bedeutet wie: ›Haben Sie heute Entlastung gehabt?‹ Bis um 6 Uhr abends muß sie alle Patientinnen erfaßt haben. Daher wird die Jagd am Nachmittag immer intensiver.
»Habe ich dich schon gehabt?« fragt sie mich.
»Einen Strich«, lüge ich. Denn sonst gibt's Abführmittel. Dann wird man um 3 Uhr nachts mit rasenden Bauchschmerzen wach, und es gibt auch noch eine Diskussion mit der Nachtschwester, bevor man zur Toilette gehen kann, denn nachts darf niemand aus dem Bett. Das ist wohl wegen der starken Schlaftabletten. Die Schwester kommt mit dem Topf angerannt. Doch so weit habe ich es bei mir noch nicht kommen lassen. Oft steige ich schnell und geräuschlos aus dem Bett und werde erst bemerkt, wenn ich schon einen Meter gegangen bin. Und wenn die Schwester dann sieht, daß ich bis dahin nicht umgefallen bin, drückt sie beide Augen zu.

Abendessen und Pillenverweigerung

Das Abendbrot bedeutet durchaus keine angenehme Abwechslung. Aber es ist ein wichtiger Meilenstein. Ein Meilenstein auf dem Wege zu den Abendstunden. Denn Abendbrot bedeutet: 5 Uhr. Nur noch zwei Stunden Leerlauf. Dann ist es 7, und die Depression ist abgeklungen. Dann gerate ich bald auf die Höhe meiner Vitalität: Dann lebe ich, dann muß ich handeln, dann muß ich das Glück finden: eine ewige Jagd nach einem Schatten.
Dann ist der Morgen weit weg, ja, sogar unvorstellbar. Die dumpfe Depression der Vormittagsstunden, die akute Depression der Nachmittagsstunden, ist nicht mehr vorstellbar, nicht mehr nachzuvollziehen. Und die Zeitspanne, die zwischen morgens früh und abends liegt, ist so unendlich groß, daß es mir manchmal vorkommt, daß Sachen, die erst am Vormittag passiert sind, schon vor Wochen stattgefunden haben.
Zum Abendbrot gibt es Brot und Hering.
Meistens fehlt mir jeglicher Appetit, und was immer ich herunterwürge: Es schmeckt alles gleich. Als ob der Geschmackssinn gelähmt wäre.
Genau eine Viertelstunde nimmt das Abendbrot in Anspruch, und immer heißt es: Warten bis die letzten fertig sind. Ich habe

dann immer das Gefühl, festgenagelt zu sein, und bin froh, wenn wir fertig sind.
Anschließend werden die Abendmedikamente verteilt.
Die Schwester stellt sich mit ihrem Tablett hin, und die einzelnen Patientinnen sammeln sich um sie und warten, bis ihre Namen ausgerufen werden. Jede Menge Tabletten, Kapseln, Pillen, Dragees, Tropfen sind zu vergeben. Es gibt dann immer ein paar Patientinnen, die erst gesucht werden müssen, weil sie »vergessen« haben, daß Medikamentenausgabe ist.
Und dann und wann gibt es eine Patientin, die sich dagegen auflehnt und die Pillen verweigert.
Die Folgen sind dann in etwa so:
Die Medikamentenschwester appelliert an die »Vernunft« der Patientin (Pavillon 3 ist in jeder Hinsicht ein Irrenhaus: Dir wird jede Vernunft abgesprochen, aber zur gleichen Zeit von dir erwartet, daß du vernünftig bist. Es ist nicht ohne Grund, daß Anita ständig behauptet: Wer nicht schon verrückt ist, wenn er hierher kommt, der wird es schon werden.). Dann wird eine ranghöhere Schwester dazu geholt (Schwester Chr., Schwester M.). Diese wiederholt, was die Medikamentenschwester bereits gesagt hat. Meistens gibt die Patientin dann auf und schluckt die Medizin. Und es wird fortan bei der Medikamentenausgabe genau beobachtet, ob sie die Pillen auch wirklich einnimmt: Sie muß den Mund aufmachen, es wird unter der Zunge nachgeschaut. Hartnäckigere Patientinnen (aber die gibt es sehr, sehr selten) bekommen dann Drohungen zu hören: Verlegung nach D. Wenn das nicht wirkt, wird die Tür zum Behandlungszimmer (denn dort hat man die Patientin inzwischen hingebracht) zugemacht, und wenig später kommt die Patientin wieder heraus, die Medizin intus. Entweder injiziert oder in flüssiger Form eingegeben: Die Patientin wird auf die Bahre hingelegt, festgehalten, der Kopf nach hinten gedrückt, die Nase zugehalten, und die Flüssigkeit eingetrichtert. So einfach geht das.
Als Spätfolge der Weigerung kann dann noch eine Medikamentenerhöhung auftreten.

Die Qual vor dem Abend
Viertel nach 5, und der Tag ist immer noch nicht zu Ende.
Wie lange kann ein einziger Tag dauern?
Anita sitzt und liest. Die übrigen Patientinnen sitzen und starren vor sich hin. Oder versuchen auch zu lesen. Oder gehen auf dem Korridor auf und ab. Ich selbst gehöre zu der Kategorie, die sitzt und starrt.

Aber so kann es nicht bleiben. Nicht bis 7.
Es gibt so viel, was ich tun könnte.
Ich könnte Briefe schreiben, ein Buch lesen, Gedichte schreiben, Klavier spielen, Tagebuch schreiben.
Ich könnte, und ich kann es nicht. In mir ist jetzt totale, entsetzliche Leere. Ich liebe niemanden, ich freue mich über nichts, ich habe zu nichts Lust. Und ich habe keine Hoffnung.
Wenn ich jetzt hier sitzen bleibe, wo ich gerade sitze, dann wird die Leere immer größer, immer größer. Es gibt eine bodenlose Tiefe, in die man hineinfallen kann. Und man erreicht niemals den Punkt, wo man sagen kann: Jetzt bin ich so unglücklich, unglücklicher geht es nicht.
Ich muß aufstehen. Ich muß. Ich muß. Ich kann nicht. Ich kann nicht. Ich muß.
Ich gehe nach oben. Lenchen öffnet mir die Tür, und ich erkläre ihr, daß ich mein Tagebuch holen will.
Wieder unten setze ich mich an den entferntesten Tisch und fange an zu schreiben. Beschreibe, wie schon so oft, meine Lage, die Leere.
Und fühle mich allmählich besser.
Ich schreibe und schaue auf und denke eine Weile nach. Und schreibe weiter. Und klammere mich innerlich fest an 7 Uhr. Jeder Satz, den ich auf Papier verewige, bringt mich näher an den wirklichen Anfang des Abends: 7 Uhr.
Irgendwann ist es 6 Uhr: Die Abendschwester löst Schwester A. ab. Und ein kleiner Teil der Patientinnen steht geschlossen auf und geht nach oben. Denn ab 6 Uhr darf man im Bett liegen.
Auch Lenchen wird nach Hause gehen.
Ich lege meinen Kopf auf meine Arme. Unterdrücke das Zittern und denke daran, daß es bald 7 ist. Oder halb 7.
Dann wird der Fernseher angeschaltet.
Das bedeutet Leben. Kontakt nach außen, ohne selbst beteiligt zu sein. Ohne gesehen zu werden. Ohne irgendwelche Normen erfüllen zu müssen. Nicht, daß ich das Programm verfolge. Ich habe in Pavillon 3 nur ein einziges Mal ferngesehen, und das war irgendwann während der ersten Woche. Es sind einfach die Klänge, die Tatsache, daß der Fernseher angeschaltet ist, die Stimmen, die Leben bedeuten.
Kurz vor 7 holen wir uns den dampfenden Kaffee. Sogar in Pavillon 3 wird auf Kaffee nicht verzichtet: Schließlich gibt es Schlaftabletten. Es sind diese Widersprüche, daß Pavillon 3 zu dem wird, was es ist: ein Irrenhaus. Oben durchsucht Schwester Lenchen jeden Tag mit großem Spürsinn die Nachtschränke.

Unten im Tagesraum hat jede Patientin eine eigene Schublade mit Schlüssel, die – sofern ich weiß – nur unter außergewöhnlichen Umständen durchsucht wird.
Scharfe Gegenstände sind tabu, aber zum Abendbrot steckt in jedem Hering ein scharfer Holzspieß. Diese werden hinterher weggeworfen, und niemand achtet darauf, ob auch wirklich alle Spieße in dem Abfalleimer landen. Aber meine Kontaktlinsen, mit denen ich mich wirklich nicht umbringen könnte, werden jede Nacht im Schrank weggeschlossen.
Inzwischen ist es auch draußen dunkel geworden: Die Nacht ist hereingebrochen, und Pavillon 3 ist jetzt eine Stätte der Sicherheit und Geborgenheit geworden. Ich gehe durch den düsteren, mittelalterlichen Korridor und fühle ein großes Gefühl der Zusammengehörigkeit mit diesem Hause, mit jeder seiner geschlossenen Türen.
In diesem Augenblick fühle ich mich glücklich. Ich habe die Qualen des Tages ausgestanden. Jetzt ist es Abend, und ich habe ein Zuhause. Ich liebe dich, Pavillon 3, abends liebe ich dich. Tagsüber hasse ich dich, und abends liebe ich dich. Und der Abend darf nicht enden. Niemals. Es darf nicht mehr morgen werden. Und ich werde, wie jeden Abend, den Moment des Einschlafens so lange wie möglich vor mir herschieben. Ich werde mich gewaltsam wachhalten, bis ich den Kampf gegen die Schlaftabletten verliere …